# TRÊS VEZES BRASIL

ALBERTO DA COSTA E SILVA
EVALDO CABRAL DE MELLO
JOSÉ MURILO DE CARVALHO

# TRÊS VEZES BRASIL

ALBERTO DA COSTA E SILVA

EVALDO CABRAL DE MELLO

JOSÉ MURILO DE CARVALHO

*Lilia M. Schwarcz*
*e Heloisa M. Starling*
ORGANIZAÇÃO

Bazar do Tempo

Este livro foi revisado segundo o Acordo Ortográfico da Língua Portuguesa de 1990, em vigor no Brasil desde 2009.

*Edição*
Ana Cecilia Impellizieri Martins

*Produção editorial*
Catarina Lins

*Projeto gráfico e capa*
Victor Burton

*Designers assistentes*
Adriana Moreno
Anderson Junqueira

*Copidesque*
Livia Deorsola

*Fotografia*
Leo Aversa

*Revisão*
Mariana Gonçalves

***Este livro contou com a parceria do Projeto República: núcleo de pesquisa, documentação e memória / UFMG***

*Coordenação geral*
Heloisa Murgel Starling

BAZAR DO TEMPO
PRODUÇÕES E EMPREENDIMENTOS CULTURAIS LTDA.

Rua General Dionísio, 53 – Humaitá
22271-050 – Rio de Janeiro, RJ
contato@bazardotempo.com.br
www.bazardotempo.com.br

*Coordenação de pesquisa*
Danilo Araujo Marques
Marcela Telles Elian de Lima

*Pesquisa bibliográfica, linha do tempo e notas*
Bárbara de Oliveira Ahouagi
José Antônio de Souza Queiroz
Marcela Telles Elian de Lima
Maria Cecilia Vieira de Carvalho
José Antônio de Souza Queiroz
Júlia Kern Castro

*Registro e captação das entrevistas*
Rafael da Cruz Alves
Wilkie Buzatti Antunes

*Transcrição e revisão*
Danilo Araujo Marques
Gustavo Henrique Hilário Gonçalves
Helena Augusta da Silva Gomes
Júlia Kern Castro
Lígia Beatriz de Paula Germano
Roberta Ornelas Oliveira

*Impressão*
Santa Marta

*Agradecimentos:*
*Biblioteca Acadêmico Lúcio de Mendonça – Academia Brasileira de Letras*
Luiz Antônio de Souza
André Saman
Renato Ramos

*Lilia Moritz Schwarcz*
*e Heloisa Murgel Starling*

# TRÊS PENSADORES INQUIETOS

*Alberto da Costa e Silva, Evaldo Cabral de Mello, José Murilo de Carvalho*



Um livro pode começar de várias maneiras; às vezes, quase sem querer. Num afeto que escapa; num profundo reconhecimento que se compartilha ou na vontade de se debruçar sobre o entendimento da História do Brasil e do eixo atlântico, que tanto nos ferem e interrogam. *Três vezes Brasil* nasceu assim – não estava pronto em nossa imaginação. Foi ganhando corpo a partir das entrevistas que realizamos, das ideias que trocamos, das leituras que fizemos no decorrer de nossas carreiras na área das Ciências Humanas e que nos levaram, com frequência, a esses três autores incontornáveis, e que nesse livro tornaram-se nossos personagens.

Aqui estão três pensadores, três humanistas, três historiadores de ofício, carreira e vocação. Trajetórias distintas uma das outras, decerto, mas que, a despeito de tratarem de temas e assuntos diversos em seus trabalhos e pesquisas, mantêm um ponto comum, inteligível: o Brasil não é um só. Cada um deles apresenta objetos e campos de análise próprios. Todavia, o lastro profundo de suas explicações sobre o país e sobre as diferentes histórias que o construíram, abrem a possibilidade do diálogo. E esse diálogo vem sempre acompanhado por várias indagações. Como pensar os principais temas da História do país sem deixar de olhar, com firmeza, para as questões de nosso próprio tempo? Qual é o formato que deve assumir a escrita da História e das Ciências Sociais? Como se deve flexibilizar o campo do conhecimento, de maneira a transbordar os limites estreitos da especialização?

Quem são, afinal, esses três pensadores inquietos, que passam a limpo conceitos e mitos e refletem sobre questões que exploram da imensa influência africana em nossa formação à tradição autoritária contemporânea? Quem são esses três intelectuais que ousaram desafiar cânones, perspectivas e até mesmo hegemonias historiográficas consagradas?

Trata-se aqui de render uma homenagem a esses três historiadores que colocam em perspectiva o passado e o presente de nossa trajetória comum de brasileiros e da história pregressa da África portuguesa que viajou ao Brasil. Cada um deles imagina, analisa o pais e escreve sobre ele a partir do ponto de vista próprio. Alberto da Costa e Silva encontrou um mirante no Atlântico: foi dali que enxergou a África no Brasil e o Brasil na África. Evaldo Cabral de Mello achou o seu na Zona da Mata pernambucana, entre engenhos rebeldes e o preço do açúcar. José Murilo de Carvalho abriu uma grande janela da qual se descobre o cenário das disputas do poder: entre a construção do Estado e o governo, entre a sociedade e o povo brasileiro.



Ao fim deste livro, o leitor vai descobrir a força de interpretação do Brasil que se revela no diálogo entre os três. Também irá perceber que a conversa é das boas e não tem hora para terminar: atravessa o campo da literatura e das ideias, investiga o uso do documento e a variedade de fontes historiográficas, escrutina as possibilidades de crítica e a reflexão sobre nossa condição histórica e intelectual. Vale insistir: a conversa dos três sempre começa com uma pergunta e segue adiante sem encontrar uma única resposta. Afinal, como eles mesmos nos ensinam: o Brasil são muitos.

É o caso de o leitor conferir. Alberto da Costa e Silva escolheu explorar a trama complicada que interliga o Atlântico, a África e o Brasil. Com ele, compreendemos que não existe uma única África – elas são várias e se subdividem nas diversas nações, culturas, grupos e comunidades que entraram no nosso país de forma compulsória e por meio da linguagem da escravidão, mas que criaram esse "rio chamado Atlântico" a partir da riqueza de suas tecnologias, religiões, culturas e filosofias.

Incluindo as tantas Áfricas que aportaram no Brasil numa história de longo curso e que percorre todo o continente, sobretudo as áreas outrora dominadas pelos portugueses, Alberto vai cruzar o oceano para enxergar com nitidez um "outro Brasil". É, portanto, no continente africano que ele reconheceu as diferentes Áfricas que moldaram o nosso país; também encontrou um Brasil que lá ficou e que para lá retornou.

Longe de tomar a história da África como coadjuvante de uma narração na qual os países africanos, seus povos e culturas, não têm voz ou lugar, Alberto demonstra, de forma absolutamente premonitória, a impossibilidade de se entender o Brasil sem recorrer à África; e nos apresenta a beleza desse continente negro até hoje tão estigmatizado pela literatura nacional e estrangeira. Por fim, mostra como a única maneira de conhecermos profundamente esse nosso imenso país tropical é estudando o grande território africano, de onde se origina mais da metade de nossos ancestrais.

Além de historiador e diplomata, Alberto é memorialista, crítico de arte e poeta, tornando-se assim um pensador incontornável de um Brasil que se revela tão múltiplo quanto ele. Dessa forma, faz poesia também quando escreve história e encontra personagens nos recantos mais insuspeitos.



Já Evaldo Cabral de Mello vem armando, desde o início da década de 1970, quase sem alarde, uma obra impressionante sobre o Brasil colonial. Seus livros remetem ao Nordeste canavieiro, ou melhor, à Zona da Mata pernambucana, lugar onde ele próprio nasceu. É também na terra pernambucana que vem alimentando sua visão e escrita, ao longo dos anos, com a poesia de Joaquim Cardozo, a ficção de José Lins do Rego, a pintura de Cícero Dias, a historiografia de Antonio Gonsalves de Mello e os ensaios de Gilberto Freyre. Ver o Brasil a partir de Pernambuco, longe e muitas vezes em oposição à corte instalada no Rio de Janeiro, permitiu a Evaldo Cabral de Mello uma interpretação inovadora sobre a variedade dos projetos políticos formulados durante o século XIX para dar conta da constituição de um país independente. "Somos todos provincianos", ele costuma avisar, para sublinhar que havia nas províncias uma concepção de autonomia e de federação capaz de fornecer alternativas ao modelo de construção nacional produzido pela elite carioca. E, é claro, também para insistir que, na verdade, a adesão das províncias ao projeto do Império brasileiro foi mais complicada do que se costuma admitir ainda hoje.

No caso de Pernambuco, miradouro de Evaldo, a disputa pela repartição do poder e as iniciativas autonomistas tanto em relação à Lisboa quanto à corte carioca começaram na sedição de Olinda, em 1710. Suas raízes, contudo, são ainda mais antigas: estão enterradas nas longas guerras de resistência à ocupação holandesa e na restauração do Nordeste açucareiro oposto à Coroa portuguesa. A elite pernambucana sempre se sentiu credora da Coroa e sempre se considerou no direito de se autogovernar. O ciclo revolucionário que se inicia em 1817 e se estende até a Confederação do Equador, em 1824, representa a forma política melhor acabada das iniciativas autonomistas de Pernambuco: a alternativa republicana radical – o "federalismo pernambucano" de 1817 – e o modelo de Estado confederado que, aliás, cabe destacar, não implicava necessariamente em secessão.

Partindo da região da costa, entre Olinda e a foz do rio Goiana, a obra de Evaldo Cabral de Mello ilumina o Brasil a partir de Pernambuco, mas na complexidade da política do mundo luso-atlântico, que uniu e separou países, realezas e seus regentes. O açúcar, a dominação holandesa e os projetos republicanos transformam a periferia em um local de experimento e realidade, muito diferente daquele descrito por uma historiografia que se concentrou na capital e perdeu os sons e os ruídos das províncias.



A grande novidade de seus livros é exatamente esta: é possível escrever uma história de Pernambuco que se desenha no Brasil e pelo Brasil. É também possível mostrar como história não é destino certo. Não estava escrito, ou previamente delimitado, que o país independente se converteria numa monarquia e seria governado a partir do Rio de Janeiro. Ao contrário, Evaldo Cabral de Mello mostra como Pernambuco foi a província onde se discutiu abertamente os rumos políticos do Brasil e onde a república esteve prevista dentre os regimes possíveis para a nossa Independência. Se tivesse vingado, o Brasil já não seria no século XIX uma espécie de anomalia americana: uma monarquia cercada de repúblicas por todos os lados.

Nosso terceiro historiador, José Murilo de Carvalho, construiu uma obra dedicada a executar duas tarefas interligadas. Na primeira, cuidou de deslindar como, no Brasil, se concebeu um Estado e fundou-se uma nação. Concluiu que a elite imperial teve êxito em erguer o Estado, mas não foi capaz de passar o poder ao povo, isto é, aos cidadãos. A partir de então, José Murilo se impôs uma segunda tarefa, e sua reflexão sobre o país deslocou-se do Estado e do governo para entender a sociedade e o povo brasileiros. O início da República é, para ele, uma escolha estratégica: o ponto de partida para compreender as origens da fragilidade do fundamento democrático entre nós e o início do longo e conturbado caminho da construção da cidadania no país.

Como o próprio José Murilo costuma dizer: subsiste um ideal de cidadania que combina liberdade, participação política e igualdade para todos. Mas, como todo ideal, é inatingível e não se realiza plenamente em lugar nenhum do Ocidente. Ainda assim, precisa servir de parâmetro para o país. Perseguir esse ideal significa buscar uma sociedade em que cada brasileiro seja titular de direitos civis, políticos e sociais. Há uma grande vantagem nessa busca: como os direitos não podem ser definidos de uma vez por todas e sua base de deslocamento é sempre contínua, esse contexto traz consequências positivas para sociedade. Uma vez instalado, o catálogo de direitos produz um movimento constante de discussão e incorporação de novos direitos; esse movimento, por sua vez, contribui para ampliar o fundamento do governo democrático no país e garante a formação cívica do próprio cidadão.

Provavelmente, reside aí o pecado original da República brasileira: a falta de investimento no tema da extensão da cidadania e de respostas aos problemas do grupo de pessoas que deveriam participar da vida pública. A concepção de soberania – nacional, mas não popular – criou, desde o início da vida republicana, uma espécie de cinturão protetor para a democracia, capaz de restringir a extensão da cidadania. Mais grave: o escopo da República instalada a partir de 15 de novembro de 1889 se concentrou numa alteração nos procedimentos de distribuição do poder político. Isto é, provocou uma transformação controlada desse sistema capaz de incluir apenas a redistribuição de poder entre elites locais.



José Murilo é graduado em Sociologia e Política (UFMG), mestre e Ph.D. em Ciência Política (Stanford) e fez pós-doutorado em História (Stanford e Londres). Esse percurso ajuda a entender porque ele é nosso historiador que melhor deslocou a História do insulamento das especialidades e ajustou seu campo de análise para compartilhar a diversidade e a complexidade do conhecimento. O que José Murilo faz em seus livros e artigos – e que determina sua preocupação em construir uma escrita acessível a um público não especializado – é fornecer à sociedade as condições de entendimento sobre o que ocorreu no passado para que o cidadão compareça ao mundo público, onde são tecidas as opiniões compartilhadas por todos.

Como se pode notar, estamos diante de três historiadores que procuram entender o país a partir de ângulos que ninguém antes havia notado ou teve vontade de abordar. Um livro sobre eles não se pretende, naturalmente, definitivo; afinal, esses são autores que contam uma história em curso. A edição é composta por ensaios dedicados à vida e obra de cada um, seguidos das entrevistas que eles generosamente nos concederam, além de uma bibliografia ilustrada e uma linha do tempo que perpassam suas trajetórias intelectuais. Dessa maneira, jogamos aqui uma partida que implica na prazerosa tarefa que assumimos de rememoração e interpretação dos trabalhos desses três pensadores brasileiros, dando a eles, ao mesmo tempo, a possibilidade de narrar a própria história.

Certa vez Carlos Drummond de Andrade se perguntou em um verso: "Que lembrança darei ao país que me deu/ tudo que lembro e sei, tudo quanto senti?". Nossos três personagens se alinham ao poeta: eles darão ao Brasil um bocado de história, algumas memórias e até poesia. Seus livros abrem vias de acesso ao nosso passado para compreendermos melhor um país ambíguo, que vai se modernizando sem mudar as bases de profunda desigualdade sobre as quais se constituiu. Também tiram do esquecimento personagens públicos e celebridades, assim como nos permitem escutar o som das vozes sem fama, conhecer as figuras miúdas, quase anônimas. De uma maneira ou de outra, o Brasil é o objeto, horizonte e destino, mesmo que a obra de cada um passe ao largo de qualquer sentimento eufórico, utópico, otimista ou nacionalista. Insistem, contudo, que existe uma comunidade (mais alargada) de imaginação a que chamamos Brasil e que ela pode eventualmente fornecer a cada um de nós a sombra de um refúgio.



Pensando bem, não é pouca coisa. Vale à pena, leitor, conhecer de perto esses três pensadores, que já viraram personagens brasileiros e do Brasil.

*Este livro só foi possível graças à ajuda, incentivo, filmagem e pesquisa de Bruno Viveiros, Danilo Marques, Rafael Cruz, Marcela Ellian, Wilkie Buzatti, Maria Cecília Vieira de Carvalho e José Antônio Queiróz, todos eles membros do Projeto República: núcleo de pesquisa, documentação e memória, da Universidade Federal de Minas Gerais (UFMG). O livro deve também muito e demais ao companheirismo, participação e presença de Ana Cecilia Impellizieri Martins, que, mais do que editora, se comportou como uma terceira autora deste livro sobre três pensadores fundamentais do Brasil.*

*São Paulo e Belo Horizonte, agosto de 2019*

# TRÊS VEZES BRASIL

ALBERTO DA COSTA E SILVA

AFRICAM GRAECI LIBYAM APP.
AFRI CAE TA BVLA NOVA
EDITA ANTVERPIAE 1570.
OCEANVS ATLANTICVS
Canarię insulę ol: Fortunatę.
TROPICVS CANCRI
Insulę Cap: Viridis olim Gorgades siue Hesperides
MAR DEL NORT
AEQVINOCTIALIS CIRCVLVS
NIGRITARVM
GVALATA
GAGO
MELLI
OCEANVS AETHIO
Rio de la plata, id est argenteus fluuius

**"Africae tabula noua"**
Abraham Ortelius
*Gravura sobre cobre com aquarela, 37 x 49 cm.*
De Theatrum orbis terrarum,
*Antuerpia, 1584.*

*Alberto da Costa e Silva*

# DA ÁFRICA AO BRASIL, DO BRASIL NA ÁFRICA



## Introdução: *um dedo de prosa com a memória*

Alberto da Costa e Silva não cabe numa definição; estoura todas elas. É poeta, ensaísta, historiador, diplomata, memorialista, africanista.

Ele é também um exímio contador de histórias. Quem for encontrá-lo em seu apartamento, no bairro de Laranjeiras, no Rio de Janeiro, além de se deparar com uma coleção magnífica de esculturas africanas, livros, fotos e quadros de artistas – sobretudo brasileiros, muitos deles seus amigos –, vai se deleitar ao ouvir uma série de histórias pessoais e de sua família.

Tanto em sua casa – onde residem os muitos cantos da memória prodigiosa de Alberto da Costa e Silva –, como na Academia Brasileira de Letras ou no Instituto Histórico e Geográfico Brasileiro, locais frequentados por nosso autor e dos quais ele faz parte como imortal e sócio, respectivamente, vale a pena sentar, aceitar um bom café e se preparar espiritualmente para escutar suas muitas histórias. Histórias sobre África, continente que adotou por predileção e gosto. Histórias de grandes personalidades com as quais Alberto privou da companhia. Histórias sobre sua família; a tia que aceitou que um capanga matasse seu marido e que acabou confinada numa espécie de prisão domiciliar; de seu pai, poeta pai, poeta como ele, mas que, diferentemente, não conseguiu entrar no Itamaraty e que, anos depois, tomado por uma depressão, falava cada vez menos; de um tio que nunca foi trabalhar no escritório, pois recebia clientes no café em frente; de quando conheceu a esposa Vera [Queiroz] em Campos do Jordão, numa clínica, e de como a tuberculose lhe tomou o pulmão mas curou o coração. Histórias também mais pessoais: o acadêmico não gosta de comer nada que voe ou ameace voar e ainda alerta aos mais incautos: "Cuide bem de suas neuroses". Nosso intérprete é também daqueles que não se preocupa em cultivar "ideias fixas" ou certezas arraigadas; "não queira ter razão", costuma aconselhar.

Pois esse é Alberto da Costa e Silva ou, então, os muitos Albertos que convivem tranquilos em sua pessoa serena, bem-humorada, sábia e erudita. E se é difícil dar conta da pessoa, o que dizer de sua produção tão célebre, rica e heterogênea? São obras fundamentais sobre o Brasil e, ademais, sobre a África, que trazemos conosco, mesmo sem saber.

Por isso mesmo dividimos a obra desse que é um grande pensador *do* e *para* o Brasil, a partir dos diferentes gêneros que o escritor "habita", sem guardar endereço fixo em nenhum deles. Um alerta: com tamanha quantidade e qualidade de obras, esse artigo só pode ser um sobrevoo sem pouso, de fato, nos livros de nosso escritor. Mas garantimos que vale a "vista panorâmica".



## *Memória de si*

"Excesso de vida", uma existência plural, tantas experiências profissionais e humanas fizeram de Alberto da Costa e Silva um grande memorialista. Desde a infância, passada nas pradarias secas de Sobral e nos mangueirais de Messejana, no Ceará, onde muitas vezes se banhou na mesma lagoa em que José de Alencar criou Iracema, passando pelos sucessivos anos de "exílio voluntário" no exercício da diplomacia brasileira, chegando até o momento presente, quando todo tipo de gente – entre escritores, cantores, políticos, literatos, jovens e idosos – vêm fazer "a corte" ao autor, tudo isso fez do escritor uma espécie de "Poeta da memória".

Alberto nasceu em São Paulo, em 12 de maio de 1931, mas permaneceu pouco na cidade: é paulistano apenas por coincidência e circunstância. Filho de Creusa Fontenelle de Vasconcellos da Costa e Silva – mulher forte, como, aliás, são todas na família –, seria ela que cuidaria de boa parte da educação dos filhos. Seu pai, o poeta Da Costa e Silva (Antônio Francisco da Costa e Silva), seria também figura marcante na vida do menino e do rapaz; paradoxal e projetiva para o filho, que tateava nas letras.

Natural de Amarante, Piauí, Da Costa e Silva começou a compor versos em torno de 1896, tendo seu primeiro livro, *Sangue,* sido publicado em 1908. O pai de Alberto foi também o autor da letra do hino do Piauí, feito para comemorar o centenário da adesão da província à Independência do país; adesão esta que se deu apenas em 1823. Nas estrofes da canção, o poeta saudava o "Piauí, terra querida, filha do sol do Equador", que não ficaria distante do imaginário do filho, que, como o pai, passou a cultivar esse local de "céu de imortal claridade".

Intelectual e emocionalmente ligado a seu estado, Da Costa e Silva pertenceu à Academia Piauiense de Letras, ocupando a Cadeira 21, mas não conseguiu entrar na carreira diplomática. Segundo conta a lenda familiar, o pai falharia nessa empreitada por motivo hoje suspeito. Nos tempos do barão do Rio Branco não havia concurso para ingressar na carreira diplomática; a seleção realizava-se pessoalmente. Era o barão quem conversava com os candidatos – em geral pertencentes a famílias relacionadas e bem estabelecidas, bonitos e fluentes em idiomas estrangeiros. Já Da Costa e Silva, apesar de reconhecidamente exímio poeta, falhou no critério beleza. Ao que parece, foi esse o veredito do barão: "Olha, o senhor é um homem inteligente, admiro-o como poeta, contudo não vou nomeá-lo porque o senhor é muito feio e não quero gente feia no Itamaraty".



O pai serviria entre 1931 e 1945 junto à Presidência da República, durante os anos de Getúlio Vargas, e, com o novo cargo, a família passaria a viver no Rio. No entanto, uma estranha doença contraída por Da Costa e Silva daria uma reviravolta no destino e faria com que toda a família se mudasse para o Ceará, onde a mãe poderia contar com mais ajuda familiar.

Foi então que o poeta praticamente parou de falar, desligou-se de tudo e se deixou ficar, na mesma poltrona, ausente do mundo dos outros. Já o menino, guardou a imagem desse pai sempre em casa, com um livro nas mãos, calado. Em certos momentos ele lia poesias; em outros, apenas folheava seus exemplares.

Em seu primeiro livro de memória, *Espelho do príncipe: Ficções da memória* (1994), Alberto narra os tempos de sua infância com rara sensibilidade. Conta o memorialista que foi na Colômbia, quando comeu uma seriguela, fruta que conhecia desde menino, que reparou: ninguém mais tinha tempo para se lembrar desses detalhes tão significativos. No livro, o memorialista relembra como era a vida no sertão do Ceará e em Fortaleza, onde viveu dos treze aos quatorze anos. Também descreve sua família, em especial sua avó cafuza, que fumava cachimbo embebido em melaço e mais se parecia com um personagem saído dos romances de Jorge Amado.

O livro é entrelaçado pelas alegrias e frustrações que marcam esse período tão significativo da vida de todos nós; do misto de curiosidade e terror que sentia, entre querer entender e desentender:

> *De repente, ela começou a cantar. E foi a sua voz que conduziu, certo dia, pelo longo corredor do casarão, até a porta iluminada da cozinha, onde surpreendeu de cócoras, descalça, a prender, com os pés, os pés e as asas da galinha a que cortava o pescoço. Enquanto o sangue escorria pelas mãos e a ave estrebuchante rouquejava, a cantiga, alta e feliz, deu ao menino a primeira imagem da crueldade da beleza. A visão da moça a matar a galinha frequentou a sua infância. Ele acordava cedinho e, encolhido na rede, assistia à cena a repetir-se, com o corredor escuro, o quadrado branco da porta e, no patamar de tijolos gastos da escada que descia para o quintal, a moça, a mudar de modinha, ou não mais cantando, porém sempre alegre, completa em seu riso, permanentemente ressonhada, a degolar a galinha. A imaginação foi alterando, com o tempo, o entrançado da lembrança. Agora era ele quem pisava os pés escamados e as asas quentes da ave, pronto para usar a faca, cheio de horror, agonia e também do deleite da longa ereção amorosa. A moça ria, linda.*[1]



Nutrido pelo sentimento da infância, que deixa sempre uma cicatriz na existência, o menino revisto pelo olhar do adulto vai desfiando fragmentos do tempo, segredando impressões de um mundo encantado e duro, onde coabitava a crueldade da beleza; a vida na morte:

> *Não devia ir mais depressa o que atropelou o filho da cozinheira. O motorista subiu as escadas com o garoto no colo, já morto. O choro fez tudo escuro. Mas o menino compreendeu que era fácil morrer, tão*

1 *Espelho do príncipe: Ficções de memória*, Rio de Janeiro: Nova Fronteira, 2013, p. 123.

*fácil quanto subir na primeira forquilha da mangueira. O que atraía o menino, na feiura do cangulo ou na lindeza do dourado e dos peixinhos de aquário, eram os olhos sempre abertos, sem pálpebras, imóveis e muitas vezes protegidos por uma película baça. Não fitavam a morte – assim lhe parecia. Talvez medissem, desde sempre e para sempre, o que seria o tempo, se não fosse o mar.*

Nesse livro de memória, mas de singular poesia, as lembranças surgem sempre envoltas em mistérios, daqueles que a infância traz e a maturidade nos rouba. *Espelho de príncipe: Ficções da memória* alcança até a adolescência de Alberto, passada no Rio de Janeiro. Com um estilo discreto, o autor-garoto descreve sua família, o colégio marista, registra as repercussões da Segunda Guerra Mundial, o Brasil da Revolução de 30, e anota características desse mundo que o aguardava na então capital federal.

O título da obra não parece ser coincidência; é antes um recado. Espelho do príncipe (*Speculum Princeps*) é um gênero literário muito utilizado no contexto do Renascimento italiano. Corresponde a um tipo de literatura em que o autor descreve um certo número de problemas tradicionais do mundo público para aconselhar o príncipe a seguir um caminho ético, fugir da tirania e não utilizar métodos violentos. E inúmeros diplomatas usaram ou subverteram esse gênero literário. A subversão mais famosa foi feita por Maquiavel com *O príncipe*, mas chega até Alberto da Costa e Silva. Maquiavel, também diplomata, ensina ao príncipe ou aos governantes; Alberto com suas memórias, destila ética e comprometimento para consigo e para com os demais: amigos, familiares e conhecidos que o rodeiam.



Mais de dez anos depois, em 2007, é publicado um segundo volume de memórias. O novo título – *Invenção do desenho: Ficções da memória* – é quase uma brincadeira acerca do gosto por garatujas que Alberto herdara do pai. Nunca quis tomar aulas de desenho e dizia desconhecer tal invenção. Por isso achava que qualquer obra desse gênero não passava de uma cópia inspirada por outra mão e autoria. Isso não o impediu, todavia, de ir construindo essa sua obra como memorialista, que faz do gênero uma prática dos "outros", não de "si mesmo". Por suas páginas desfilam grandes intelectuais – Guimarães Rosa, Manuel Bandeira, José Lins do Rego, Josué Montello, Jorge de Lima, Lygia Fagundes Telles, Alceu Amoroso Lima –, personagens e amigos, todos "entrevistados" pelo "repórter Alberto". O memorialista conta, como quem joga conversa fora, eventos lembrados como episódios quase pessoais: Getúlio Vargas e seu suicídio, Juscelino Kubitschek e a crise da sua eleição; as revelações de Khruschov sobre Stálin, a intervenção brutal do exército russo na Hungria.

Por meio de seus escritos de memória ficamos conhecendo também a sólida formação intelectual de Alberto da Costa e Silva: suas primeiras leituras de Manuel Querino e Nina Rodrigues; sua guinada para o materialismo histórico; seu amor súbito por Deus, paixão essa que, passadas duas semanas, seria substituída por outras – Camus e Sartre, por exemplo. Nessa época, o jovem estudante curioso trocava de preferências como mudava de meias. Aliás, depois de todos esses ídolos, viriam outros, como Nietzsche, logo Freud e também o Marx do *18 Brumário de Luís Bonaparte*. Isso sem esquecer do cinema, do teatro e dos suplementos literários, seguidos pelo estudante com o rigor de uma agenda de trabalho.

Alberto da Costa e Silva logo experimentaria nova carreira de escritor, como poeta e historiador africanista. Enquanto a faculdade de Direito se revelava uma decepção a ser percorrida como um fardo, já a presença ausente do pai, que "morria mansa e serenamente, como mansa e serenamente passara os longos anos de exílio de si mesmo", surge sempre como sensível melancolia. Diziam que o pai poeta "pusera em palavras uma lagartixa ou um caramujo como ninguém", assim como descrevera um ipê ou uma queimada sem paralelo. Mas, vítima de uma enfermidade sem nome, e que lhe tomou quinze longos anos, Da Costa e Silva viraria uma "casca vazia".



Talvez por conta da história do pai, Alberto, ainda menino, parecia ter pressa. Tanto que publica, logo em 1957, uma *Antologia de lendas do índio brasileiro*, preparada para o Instituto Nacional do Livro, assim como reuniria os poemas do pai, em 1950. Aliás, foi com a obra do pai que ele estreia no mundo dos livros.

No entanto, inspirado pelos heróis românticos que lia nos livros e reconhecia, de alguma maneira, em seu pai, o jovem autor não estranhou quando soube que seu rito de passagem para a vida adulta se daria nos sanatórios de Campos do Jordão, onde sua alma conheceria a "sonolência e a preguiça". Julgou que morreria cedo, como os literatos do século XIX e os personagens de Thomas Mann em *A montanha mágica*. Entretanto, como nada disso aconteceu, Alberto fez do exílio involuntário, dessa doença dos pulmões, um outro recomeço. Por sinal, foi por lá que conheceu sua musa Verinha, que naquela época também se curava do mesmo problema de saúde. Vera tinha voz de soprano lírico, mas a doença a afastara durante algum tempo do canto, ao qual só retornaria anos mais tarde.

De volta ao Rio, Alberto se prepararia para "vingar o pai" e seguir a carreira diplomática. O aluno se formaria em 1957 no Instituto Rio Branco, atuando como diplomata em Lisboa, Caracas, Washington, Madri, Roma, isso tudo antes de ser embaixador na Nigéria, no Benim, em Portugal, na Colômbia e no Paraguai. Alberto da Costa e Silva ia, assim, construindo seu mapa interno, bastante marcado por sua experiência, única, como embaixador na Nigéria e em Benim.

A atuação na África – local a essas alturas pouco disputado entre os demais diplomatas – lhe daria gás, experiência, erudição e sensibilidade suficientes para fazer de si um dos grandes especialistas nesse continente, que, sobretudo em sua época, era pouco conhecido e ainda menos estudado, ao menos no Brasil. O desafio era de monta. Conforme definia nosso memorialista, implicava "lidar com pessoas que muitas vezes parecem ver, ouvir, sentir e pensar diferentemente de nós".

O cronista Alberto da Costa e Silva publicaria ainda, em 2009, outro livro de memória: *Quadrado amarelo*. Nele, o poeta e africanista se reinventa como intérprete social e recolhe telas, livros, poemas, tapeçarias, romances que vai delicadamente "entrelaçando". Talvez a melhor definição deste livro possa ser tirada de uma frase de nosso autor: "Perseguir um texto no outro, reencontrar nesse autor outros autores."



Sem fazer uso do recurso fácil da coincidência, vale assinalar que aquilo que Alberto da Costa e Silva alega encontrar nos "outros" pode ser também vislumbrado nessa sua obra da maturidade. Ele sempre foi colecionador de memórias afetivas, recheadas por romances, artistas consagrados ou populares, amigos ou desconhecidos. Escreve o memorialista que "o desígnio de todo grande colecionador é formar uma antologia pessoal do mundo [...] ou do fragmento de mundo que foi lhe dado viver."

É possível arriscar que esse é o verdadeiro argumento, não apenas desta coletânea de ensaios em forma de memória, como do conjunto da obra de Alberto. Na capa da requintada edição, nota-se um despretensioso quadrado amarelo, disposto no lado esquerdo da imagem, retirado da tela de Waldemar da Costa. Mas o amarelo que aparece bem destacado na capa é também o fundo que dá forma ao tocante retrato feito por Antonello da Messina. Conforme nos conta o escritor: "Qualquer que seja o assunto, a extensão e a textura de uma prosa, é preciso nela descobrir o lugar perfeito para um quadrado amarelo". Supostamente desimportantes, título e capa indicam um método; uma forma específica de olhar e ler imagens e textos.

O autor carrega, assim, uma valise cultural e intelectual pesada, para onde quer que se desloque. Do Brasil Alberto ganhou o mundo e fez da viagem, da história, da poesia e da memória "mala e passaporte". Aí está um percurso construído a partir de muitos deslocamentos, não somente geográficos, como temporais e culturais. Segundo nosso guia de viagem, "a memória e os poetas têm seus truques, e muitas vezes eles esquecem para melhor lembrar." Nosso autor se refere especificamente a Fernando Pessoa, o qual, segundo Alberto, tinha por hábito omitir, afirmar e calar. Mas o próprio memorialista faz uso de método semelhante: cita seu pai sem o dizer. Basta explicar que ele foi eleito na Academia Brasileira de Letras em julho de 2000, assumindo a Cadeira 9, como uma espécie de boa revanche e em nome de Da Costa e Silva.

Nem ele próprio é capaz de resumir uma obra de vida toda, feita de tantas trocas intelectuais, políticas e afetivas. Impressionante é que, como mostra em seu ensaio chamado "Lembranças de Lagos", Alberto nunca colecionou diários íntimos ou fotos de viagem – guardou tudo na memória; único recurso, segundo ele, para garantir a permanência.



Disse Ortega y Gasset que "a alma de um povo só é inteligível quando se confrontam suas palavras e obras". Pensado nesses termos, o memorialista Alberto da Costa e Silva parece um caramujo que sai da casa. Poeta, pesquisador, dono de uma memória de causas e fatos, historiador, africanista, ele é, sobretudo, um grande animador de tudo que observa, coleciona e acredita.

## *Poesia: a ausência presente*

Como vimos, Alberto primeiro organizou a obra de seu pai no ano de 1950. No mesmo ano teria saído sua *Elegia Sangue,* que vinha sendo fartamente anunciada pela *Revista Branca* em 1948 e 1949. Conforme explica o anúncio, o poeta já vinha publicando em outros jornais brasileiros e o novo livro versaria sobre temas da infância, da vida, sobre o amor e a morte. Alberto tinha então dezenove anos e acabou desistindo da publicação. Hoje em dia ele costuma rir de si mesmo, afirmando que teria sido "um desastre". Não lamenta a decisão.

No entanto, como a vida corre, em 1953 o poeta publica, finalmente, um livro de poesias, *O parque e outros poemas,* pela mesma revista/editora, aí sim confirmando seu papel dentro da poesia brasileira. A par-

## ELEGIA SANGUE

Como primeiro volume de sua série de poesia (capa em azul e preto), REVISTA BRANCA lançará em meados do próximo ano o livro de poemas de Da Costa e Silva Filho: **Elegia Sangue**. Da Costa e Silva Filho, que é uma das vocações poéticas mais promissoras, cuja personalidade se vem afirmando de maneira inconfundível entre os poetas de sua geração, tem apenas dezoito anos de idade e pertence ao grupo de REVISTA BRANCA. Suas poesias têm sido publicadas não só aqui no Distrito Federal, mas também em diversos suplementos e revistas literárias de todo o Brasil.

**Elegia Sangue** constituir-se-á de várias elegias sôbre os temas da infância, vida, amor e morte.

Anúncio na *Revista Branca*.



tir de 1950, ainda, e com a morte do pai, o jovem poeta deixa de assinar como Da Costa e Silva Filho e passa a usar Alberto da Costa e Silva. A ideia, acertada, era não se confundir com a obra e a figura do pai, já reconhecido como exímio poeta.

No entanto, se a assinatura assinala autonomia, já Alberto, filho de poeta, tem no pai uma figura incontornável e muito presente em sua poesia. Espécie de presença ausente, a imagem do pai, sentado numa poltrona, moldou tanto o memorialista como o poeta.

*A mão de meu pai sobre o papel desenha,*
*quase num só traço, o menino a cavalo.*

*Sai de sua mão a mão com que lhe aceno,*
*e vai sobre o papel o menino a cavalo.*

*Choro sobre o colo do triste, e órfão, e cego,*
*para tudo o que atado estava à vida, vivo,*

*mas sem sonho e sem carne, a falar-me sem nexo*
*sobre um céu e um sol de que foi desterrado,*

*mas que punha ao redor do menino a cavalo.*

*O rosto longo e só, rasgado pelas rugas,*
*o olhar a rever o que perpétuo tinha,*

*e que nunca me disse, em seu pensar cortado*
*do dia em que vivia (no seu convívio raro*

*com a cadeira de braços, o pijama, os seus pássaros,*
*a cinza e a rotina de estar morto, acordado),*

*no papel ele unia a mão que desenhava*
*à mão com que acenava ao menino a cavalo,*




*neste adeus em que estou, desde então, ao seu lado,*
*o menino que volta, a chorar, a cavalo.*[2]

A imagem do pai "morto, acordado" é um tema forte e constante, mesmo que nem sempre diretamente referido. Aqui está também a "garatuja" do pai (que reapareceria anos mais tarde em *Invenção do desenho*), que traça no papel um cavalo para surpresa do menino que o vê distante de tudo que estivesse "atado à vida".

A lembrança e a melancolia têm, por sinal, lugar cativo na poesia de Alberto da Costa e Silva, que consegue extrair lirismo das situações mais rasteiras, dos gestos pretensamente banais, dos detalhes passageiros e da rotina desavisada.

Presença também constante é a da esposa de Alberto, para quem ele dedicou uma vida toda, um livro inteiro: *Ao lado de Vera* (2007).

2 Poema "As linhas da mão", com prefácio de Antônio Carlos Villaça. Rio de Janeiro: Difel, 1978. Poema integrante da série As linhas da Mão.

*Usa o meu coração, se o teu já tens gasto,*
*feito a pedra de mó que a faca alisa, cava*
*e parece estender como massa de trigo*
*sobre a mesa molhada. Usa o meu coração.*

*Como o trapo que limpa a sujeira das tábuas*
*e enegrece de pó, e se pui, e se esgarça,*
*se com ele se invertem este dia adverso*
*e esta noite perversa. Usa o meu coração*
*para nos esconder, como aos olhos as pálpebras,*
*do cansaço do tempo, do bolor nos retratos,*
*e jogar para os céus, ao abrir das janelas,*
*qual um sonho ou um parto, os pardais e os canários.*

Tradutora, africanista à maneira de Alberto, companheira de longos "autoexílios diplomáticos", Vera era aquela que "usou o coração" do nosso autor e viajou junto com ele, a seu lado. Por isso, a imagem forte na obra do poeta é a de entrega e humildade diante daquele que se ama; amor que parece "gasto", mas se refaz como "massa de trigo na mesa molhada"; amor que parece sonho e "voa como os pardais e os canários". É assim que Alberto homenageia e poetisa seu amor por Vera, contrato que se refaz também aos sessenta anos: "e amar-te, sabendo que a velhice descobre a mais bela beleza no teu rosto de jovem".



Outro tema forte na obra e na poesia de Alberto da Costa e Silva é o continente africano e o trabalho escravo que se ramifica a partir do século XVI. Se na obra como africanista o escritor mostra a crueza do sistema, as guerras que causou, a imensa diáspora que criou, destruindo grupos e nações, na poesia o retrato não é menos intenso. Um de seus poemas mais belos trata desse sistema sem dizer o nome. Nesse caso o silêncio faz muito mais barulho.

*– Nesse país sem orvalho, os nossos pés*
*rasgamos ainda mais no solo quente*
*– Passamos fome.*
*– Roubamos*
*gados e terra*
*– Crucificamos*
*e por isso lembram.*

Lembrar e esquecer, lembrar como função de esquecer, funcionam como ativadores de uma poesia que dialoga de maneira coerente com a atividade memorialística do escritor e com sua carreira solo como historiador de África no Brasil e do Brasil na África.

Alberto da Costa e Silva também escreveria sobre poetas, como é o caso de sua biografia *Castro Alves: um poeta sempre jovem*, publicado pela Companhia das Letras em 2006, dentro da coleção Perfis Brasileiros. A beleza desse pequeno livro não está presa apenas à bela restituição histórica e biográfica elaborada por nosso autor. Ela se encontra, sobretudo, na pergunta que orienta o livro e também na forma elegante e provocadora com que o poeta duvida das convenções. Ou seja, se nesse livro nosso escritor lê os poemas do poeta da Abolição com a sensibilidade de quem entende do ofício, não deixa de suspeitar "de dentro", a partir das dúvidas de quem conhece os legados e códigos africanos. Tanto que desafia (e prova) que a África do autor de "Navio Negreiro" é antes um continente projetivo, mais próximo da visão romântica de Delacroix e dos orientalismos europeus do que dos escravizados que o poeta podia encontrar nas ruas da Bahia ou do Rio de Janeiro.



Irreverente, o poeta escreve sobre outro poeta a partir de questões de "dentro"; das convenções que presidem a confecção de obras como esta. Alberto da Costa e Silva também faria uma série de antologias com e sobre poetas e literatos; por exemplo, seu livro sobre Camões, sobre a poesia portuguesa e sobre o romance de Jorge Amado.

O fato é que a produção de Alberto como poeta ombreia, em número de títulos e de importância, aquela de africanista e de memorialista. Para além dos livros e poemas mencionados, vale lembrar as demais obras cujos títulos falam e inspiram por si mesmos: *Alberto da Costa e Silva: carda, fia, doba e tece* (1962); *Poesia concreta* (1962); *O tecelão* (1962); *Livro de linhagem* (1966); *As linhas da mão* (1978); *As roupas no estendal, o muro, os pombos* (1981); *Poemas de Da Costa e Silva e Alberto da Costa e Silva* (1986); *Consoada* (1993); *O pai do menino* (2008), além das obras aqui mencionadas anteriormente.

Melancolia combina com otimismo; vida se casa com morte; revolta, com esperança. Na poesia, como em outros gêneros, nosso mestre é sempre muitos e vários. Tudo ao mesmo tempo.

## *Um africanista no exílio e no Brasil*

Num contexto em que diplomatas preferiam não escolher embaixadas localizadas no continente africano, em que historiadores pouco atentavam para as muitas Áfricas que viviam e vivem no Brasil, Alberto da Costa e Silva construiu uma produção sólida em torno de um território até então basicamente desconhecido. Fez moda e escola.

Além do mais, seria esse olhar de respeito à "diferença", curioso acerca do que se desconhece e pouco se compreende, que anunciaria esse africanista conectado aos trópicos, esse pensador original do Brasil e muito atento às várias Áfricas espalhadas pelo país.

Vale lembrar que esse era um momento em que a África não fazia parte de nossos currículos escolares; sua história era basicamente desconhecida, bem como seus costumes. De tão colonial e eurocêntrico, o programa de História no país resumia-se, até os anos 1980, ao ensino dos eventos nacionais, acrescidos por uma agenda de fatos passados na Europa e nos Estados Unidos.

A África mais se parecia, portanto, com um acidente fortuito que não merecia estudo ou reflexão. Tal perspectiva e filosofia também tinham grande impacto na autoestima de grupos que hoje constituem mais da metade de nossa população, mas não tinham acesso a um passado para se reconhecerem e dele se orgulhar.



Alberto da Costa e Silva, que servira como embaixador, como vimos, em diversas partes do mundo antes de ser designado para a Nigéria e o Benim, parece que viu o mundo com outros olhos a partir dessas experiências africanas.

O diplomata, poeta e memorialista vingaria assim, na função de historiador, produzindo livros clássicos como: *O vício da África e outros vícios* (1989); *A enxada e a lança: a África antes dos portugueses* (1992); *As relações entre o Brasil e a África Negra, de 1822 à I Guerra Mundial* (1996); *A manilha e o libambo: a África e a escravidão, de 1500 a 1700* (2002); *Um rio chamado Atlântico: A África no Brasil e o Brasil na África* (2003); *Francisco Félix de Souza, mercador de escravos* (2004); *Imagens da África: da Antiguidade ao século XIX* (2012).

O conjunto da obra mostra o vigor desse intelectual que explorou a história pregressa do continente africano, reviu costumes, estudou a escravidão aqui e acolá, analisou as relações circulares entre os dois continentes, explorou a importância e as influências recíprocas (e até hoje pouco reconhecidas) entre os dois territórios e fez uma biografia sobre o traficante Xaxá, na qual acomodou as poucas fontes que foi encontrando pela vida afora.

Escrever um livro sobre Francisco Félix de Souza, o maior mercador de escravos que o Brasil conheceu, era sonho antigo, acalentado desde os quinze ou dezesseis anos. Como escreve nosso poeta historiador, "na velhice completo um dos sonhos acordados de minha adolescência."

Desde a adolescência tratou de juntar, sem pressa, os vários documentos que foi encontrando: fontes primárias, testemunhos, memórias conservadas e recriadas em Ajudá e Abomé, textos de outros historiadores, que vinham muitas vezes repletos de lendas e contradições. Mas usou todos como uma espécie de combustível para essa biografia incomum. Conforme ele escreve, a tarefa implicou coletar "os pedaços que sobraram de sua vida". Afinal, fazer história é "juntar o que se tem por fatos, ainda que insuficientes, eivados de fabulações ou contraditórios, e procurar dar-lhes forma, coerência, movimento e, se possível, rumo, no intento de recriar ou imitar o passado."

O resultado é um livro humano sobre um personagem de quem se sabe pouco. Xaxá surge na biografia como um "homem de bons modos, afável e prestativo, que talvez procurasse imitar no outro lado do Atlântico o comportamento que se queria aristocrático, da alta classe agrária brasileira [...]". Já com a escravaria, "seria extremamente duro. Cruel, quando necessário [...]. Talvez a olhasse com desprezo; talvez com indiferença; e talvez, em alguns momentos, com aquele tipo de piedade rasa com que um dono de semoventes se afasta de um animal que está a sofrer. O mais provável, porém, é que para a tristeza, medo e desespero dos escravos tivesse olhos cegos e ouvidos moucos [...]. Talvez pensasse, para aquietar a alma, que exercia um ofício perverso, mas também o eram o do carrasco, o do carcereiro, o do magarefe, o do bandarilheiro, o do soldados e tantos outros [...]."[3]



Entre a compreensão e a reprimenda, nosso biógrafo faz um livro sensível sobre uma personalidade que se dedicava a uma atividade de pouca galhardia. Esse é o Alberto da Costa e Silva pensador, que não tem medo de ir contra a corrente, de navegar a favor do contexto, e não do anacronismo fácil.

Por sinal, ciente da ignorância brasileira acerca do continente de onde veio boa parte de nossa população nacional, esse intérprete de um

3 Alberto da Costa e Silva, *Francisco Félix de Souza, mercador de escravos*, Rio de Janeiro: Nova Fronteira, 2004, pp. 5 e 143.

Brasil africano atuaria em muitas e várias frentes. Recuperaria a história pregressa, mas também os valores comuns inscritos nos lugares mais suspeitos, a tecnologia, a cultura material dessas tantas nações forçadas a viver o exílio no Brasil.

Aí estava, quem sabe, um primeiro registro sobre esse verdadeiro programa que nosso africanista desenvolveria dali para frente. Tanto que em 1992 é publicado o grandioso *A enxada e a lança: A África antes dos portugueses.*

Conforme o autor ressalta logo no início do livro, foi tarefa difícil "deslindar mito e realidade, sobretudo no amplo espaço de séculos em que a história era ainda poesia. A imaginação foi sempre o húmus do jardim de Clio".

Se o desafio era grande, o período abarcado também: o livro começa na Pré-história, misturando cultura material, técnicas e costumes com o registro apurado de povos e regiões diversos da África – Gana, Núbia, Mali, Etiópia, Zimbabué, o baixo Zaire e os planaltos de Angola, de Benim e dos reinos de Iorubo –, e termina em 1500, com a chegada dos colonizadores e o anúncio de um novo livro. O último parágrafo, aquele que fecha *A enxada e a lança*, abre-se para um outro momento, em que o Brasil também entraria nessa história, feita de circulações muitas vezes assimétricas.

Ao detalhar a chegada dos colonizadores ao continente, Alberto da Costa e Silva descreve, sobretudo, o grande mal-entendido que estava para ocorrer entre nações e culturas assim diversas. Depois de discorrer acerca das embarcações conhecidas naquele continente e discriminar em que regiões eram mais utilizadas, o historiador conclui:

> *E aqui parava a tecnologia náutica africana. Não se estranhará, por isso, que os congos, e talvez outros povos antes deles, embora acostumados a grandes almadias, confundissem com baleias as formas bojudas que se aproximavam de suas costas e traziam os portugueses.*[4]

Exatos dez anos depois, em 2002, sai uma nova obra de Alberto da Costa e Silva, que pode ser lida isoladamente, mas que, sem dúvida, dialoga de perto com a anterior. *A manilha e o libambo: A África e a escravidão, de 1500 a 1700* mostra como a história da escravidão no Brasil começa na África e que, por isso mesmo, acaba se revelando inseparável da própria história do continente.

4 Alberto da Costa e Silva, *A enxada e a lança: a África antes dos portugueses*, Rio de Janeiro: Nova Fronteira, 1992, p. 631.

O livro representa uma erudita e complexa síntese do que se passou nas várias Áfricas – aquela do Saara, aquela que vai em direção ao Mediterrâneo, a que flui para o Atlântico, a que se inclina para o Índico e assim se divide entre os três mares durante os primeiros duzentos anos da expansão oceânica europeia.

Como explica Alberto da Costa e Silva, "manilha é um bracelete de metal, geralmente de cobre ou latão, cuja circunferência não se fecha inteiramente, como se fosse um C". Era usada como adereço nos braços e tornozelos e, antes da chegada dos portugueses, como moeda de troca. Já o libambo era a cadeia de ferro com que se mantinham atados, em fila, os escravizados conduzidos pelo pescoço para seus destinos no além-mar ou mesmo durante as longas travessias forçadas no continente. É por isso que o autor escolhe essas duas palavras para o título. Elas são as que mais evocam, no seu entender, a África nos séculos XVI e XVII: "O tráfico que povoou o Brasil e pôs a África em nossas veias".

O autor explica, ainda, porque não colocou adjetivos no título. Segundo ele, o nome já traria consigo, "e ainda não cicatrizados, os lanhos da iniquidade, da violência, da humilhação, do sadismo".[5] Essa é a história do mais cruel dos sistemas, que recrutou e controlou trabalho escravo e o fez superior em termos numéricos aos demais. Nas palavras de Alberto "não se estuda o escravismo sem emoção e sem um sentimento de vergonha e reforma".[6]





Da mesma maneira, a obra não descuida da diversidade de maneiras de fazer, pensar e viver das muitas Áfricas que habitavam o mesmo continente. Sem pejas e sem concessões, Alberto da Costa e Silva começa descrevendo o escravizado negro na Antiguidade, passa pelas terras do Islã, revela como funcionava a escravidão entre os africanos, na Idade Média europeia, e adentra diferentes geografias do continente: Senegâmbia, a Costa do Ouro, Mali e Songai, o Benim e o delta do Níger, o reino do Congo, Angola, Bornu e Hauçalândia, Níger, Etiópia, Costa do Índico, Zambézia, Grandes Lagos, Madagascar, até chegar ao norte e ao sul do Equador, na África Atlântica.

A travessia é difícil de descrever. Além disso, o africanista mostra como esse processo de longo curso acabou "normalizando o sistema",

5 Alberto da Costa e Silva, *A manilha e o libambo: a África e a escravidão, de 1500 a 1700*, Rio de Janeiro: Nova Fronteira, 2002, pp. 9-10.

6 Prefácio de Alberto da Costa e Silva, in Lilia Moritz Schwarcz e Flavio Gomes, *Dicionário da escravidão e da Liberdade*, São Paulo: Companhia das Letras, 2018. p. 14

fazendo com que, já no final do século XVII, o termo "escravo" fosse imediatamente ligado aos negros.

Porém, e como escreve nosso intérprete, onde há sombra, há também o sol, e o historiador não deixa de explicar, com requintes de detalhes, como se trabalhava a terra em cada parte da África; de que forma rebanhos eram cuidados; como se fundia o ferro; como a lã era fiada; tecida e comercializada; a maneira como adoravam seus deuses; as formas de organização de diferentes governos e reinos; o recrutamento dos exércitos; a etiqueta no recebimento dos estrangeiros; e como os escravizados eram usados no próprio continente.

Nosso autor se maravilha, igualmente, com a maneira como africanos descreviam objetos, paisagens ou colocavam detalhes nas gravuras e nos desenhos. Esse encantamento diante de seu objeto de estudo faz com que os livros de Alberto da Costa e Silva sejam não apenas precisos, como também contaminados pelo afeto, valor que faz parte da linguagem pessoal e científica do historiador. A beleza do texto, a generosidade de detalhes e exemplos, o uso inesperado de expressões da nossa língua, as conclusões doloridas e fortes fizeram com que essas duas obras se tornassem incontornáveis na historiografia africana e brasileira.



Corajoso, Alberto da Costa e Silva não tem medo de enfrentar temas difíceis da nossa agenda, e jamais coloca sob o tapete contradições e constrangimentos que fazem parte da história afro-atlântica, cuja tradição era silenciar ou tornar invisíveis as contradições que constituíram nosso passado.

Salvo engano, o tema aparece de forma mais evidente num grande artigo que dá nome a um outro livro de nosso africanista, editado em 1989: *O vício da África e outros vícios*. Na verdade, esse longo ensaio trata do primeiro vício, digamos assim, e, depois de longo e competente histórico sobre as relações entre Brasil e África e o "abrasileiramento" de costumes trazidos daquele continente. "Chamaram-se a si mesmos, desde o início, brasileiros, e assim são conhecidos até hoje, os seus descendentes, apesar da guerra que contra essa denominação moveram, por exemplo, os dirigentes de Lagos – interessados, dentro da lógica do colonialismo, em desvincular a África do Brasil."

Explica Alberto que as autoridades inglesas do local que mais tarde viria a ser a Nigéria sempre insistiram que os brasileiros filhos de africanos que regressassem ao continente de seus pais deveriam ser chamados de "iorubas repatriados". Não foram, porém, ouvidas e, até mesmo na correspondência que mantinham com os dirigentes coloniais, os membros dessas comunidades se denominavam "brasileiros", e assim designavam seus filhos e netos. Os "brasileiros" estão inteiramente identificados com o sentimento nacional dos países aos quais pertencem. Mas, assim "como os iorubas e jejes difundiram seu valores culturais na Bahia e deles a impregnaram profunda e intensamente [...], e assim como os congos e angolanos nos imprimiram sua forte marca em todo o Brasil, os brasileiros natos e de adoção, que se fixaram na África, para ali transferirem modos de vida, técnicas, tradições e gostos desenvolvidos na margem ocidental do Atlântico". [7]

A África também estaria presente em várias de suas coletâneas de textos publicados em jornais e revistas ou lidos em seminários. *Um rio chamado Atlântico: a África no Brasil e o Brasil na África*, de 2003, é uma delas. No livro, as relações entre o Brasil e a África estarão em questão, mas com diferentes contextos e acentos: de 1822 à I Guerra Mundial; no Atlântico do XIX; nos séculos do tráfico, por meio da análise de um museu, dos sobrados e dos brasileiros em Lagos; na ocupação da África Ocidental; na rebelião de 1835 na Bahia. No texto "O Brasil, o Atlântico e a África no século XIX", de 1989, ele profetiza: "O Brasil é um país extraordinariamente africanizado. E só a quem não conhece a África pode escapar o quanto há de africano nos gestos, nas maneiras de ser e de viver e no sentimento estético do brasileiro."[8]



Por sua vez, diz o historiador, em toda a costa atlântica africana podem-se facilmente reconhecer os brasileirismos.

> *Há comidas brasileiras na África, como há comidas africanas no Brasil. Danças, tradições, técnicas de trabalho, instrumentos de música, palavras e comportamentos sociais brasileiros insinuaram-se no dia a dia africano. É comum que lá se ignore que certo prato ou determinado costume veio do Brasil. Como, entre nós, nos esquecemos do quanto nossa vida é impregnada de África [...]. O escravo ficou dentro de nós, qualquer que seja nossa origem. Afinal, sem a escravidão o Brasil não existiria como hoje é, não teria sequer ocupado os imensos espaços que os portugueses lhe desenharam. Com ou sem remorsos, a escravidão foi o processo mais importante de nossa história.*[9]

7 Alberto da Costa e Silva, *O vício da África e outros vícios*, Lisboa: João Sá da Costa, 1989, p. 56.
8 Ibidem, pp. 56-7.
9 Alberto da Costa e Silva, *Um rio chamado Atlântico: A África no Brasil e o Brasil na África*, Rio de Janeiro: Nova Fronteira, 2003, p. 72.

É essa perspectiva de ida e volta (que não exclui a violência e a desigualdade das relações que se estabeleceram com o tráfico) que singulariza tal narrativa *à la* Alberto da Costa e Silva. O historiador analisou o processo de desumanização a que foram submetidas essas populações, mas não deixou de acentuar também os processos de troca que efetivamente ocorreram. Também denunciou a violência do sistema sem deixar de notar e anotar os gestos, as maneiras de viver, os vocabulários que vieram junto com os navios negreiros. Ademais, esmiuçou como o "trânsito" entre continentes, por meio do Atlântico, tinha duas mãos: o Brasil africanizou-se e várias partes da África são ainda hoje abrasileiradas, no campo e nas cidades, nas comidas e nas técnicas, nas linguagens e na música.

Essa relação curiosa, erudita e "simpática" em relação à África também está presente no livro *Imagens da África* (2012), em que o historiador coleta textos de mais de oitenta autores sobre o continente e suas várias civilizações. De Heródoto (século V a.C.) chegando até os prepotentes funcionários do Império Britânico, Alberto da Costa e Silva seleciona passagens reunidas ao longo de mais de sessenta anos de estudo, sem descurar de imagens e desenhos referentes às épocas tratadas.

Conforme ele nos explica, os estereótipos racistas dos negros africanos, e que datam da época da colonização, não estavam presentes nos registros feitos por chineses e árabes, ou mesmo nos dos cronistas ocidentais favoráveis à causa antiescravista. É a partir dessas descrições que conseguimos verificar sua diversidade cultural, a organização da família e da política, seus costumes religiosos, produções artísticas, técnicas militares.



De toda maneira, seja entre os detratores dos africanos, seja diante daqueles que lhes dedicaram "palavras amigas", o que sempre lhe chamou atenção foi o fascínio pela África, um continente "ensolarado de mistério". [10]

Ciente da importância de juntar escritos dispersos, tal qual "altas muralhas", Alberto da Costa e Silva sabe que a tarefa do "coletor" é muito maior do que possa parecer à primeira vista. Segundo ele mesmo define: "Espero que estes textos, juntos, nos ajudem a imaginar como se pensava no passado sobre um continente que continua a magoar-se com muitos dos estereótipos que sobre ele, ao longo dos séculos, se acumularam". [11]

10 Alberto da Costa e Silva, *Imagens da África*, São Paulo: Companhia das Letras, 2012, p. 15.

11 Ibidem, p. 16.

Irrequieto, talvez como contraposição à memória do pai, quieto, conformado à sua poltrona, Alberto da Costa e Silva também ensinaria África para as crianças em dois livros diferentes: *Um passeio pela África* (2006) e *A África explicada aos meus filhos* (2008). No primeiro, ele inventa uma ficção, uma viagem de família a esse continente, que fora motivada pelo desejo de um dos filhos, desejoso de conhecer a terra de seus parentes distantes: "Tudo o que estou pedindo é ir conhecer a terra de meu tataravô. Mamãe não foi a Portugal ver a terra dos pais dela?"

E os três adolescentes venceram e foram conhecer Tombuctu, o rio Niger, a cidade de Kano, Ifé, Lagos, Angola, Sãs, coicós e pigmeus, Gana, Guiné-Bissau, Dacar. Longe das narrativas que vinculam o continente apenas a doenças, miséria e fome, Alberto da Costa e Silva revela uma África em que convivem em harmonia o antigo e o moderno e onde impera a diversidade. Uma história da qual os meninos deveriam se orgulhar e se lembrar; jamais esquecer.

Nessa travessia que une ficção e não-ficção, o escritor também mescla a memória necessária destas nações que moram no passado, mas persistem no presente, ao encanto diante da coincidência de encontrar frutas e vegetais comuns, a músicas, danças e ritos que soam familiares. E na verdade são. É um continente de contrastes que se destaca: de um lado, a magia, os sons, os saberes e a exuberância das cores. De outro, a terra da miséria, da violência, da tirania, das epidemias.



O certo é que Alberto da Costa e Silva revela como ainda há muito o que dizer e aprender sobre a África, e que não basta repetir ou se fiar em novos estereótipos. Ao contrário, melhor mostrar como são plurais as Áfricas de nossos ancestrais e quantos Brasis elas fundaram, desde o final do século XVI.

## *Finalizar e começar*

Por essas e por outras é que Alberto da Costa e Silva virou um diplomata sem data, um defensor das muitas Áfricas que "residem" no Brasil. Junto com sua Verinha, ele também encarnou o papel de tradutor das línguas e costumes dos locais onde atuou como embaixador. Nosso historiador também virou memorialista dos outros (e assim de si), bem como poeta da nossa contemporaneidade.

Aliás, ler um livro desse intérprete da nossa nacionalidade é como tomar um gole de cachaça, roubar do tempo e degustar uma boa prosa.

Grandes intérpretes do Brasil permaneceram boa parte de sua vida no exterior. Já Alberto da Costa e Silva viu o país de longe, mas de perto também. De volta, invertendo o lado do binóculo, destacou o detalhe, pinçou o caricatural, deslocou o tempo e conferiu a tudo um sabor igualado com cheiro, textura e sensibilidade de poesia.

# ENTREVISTA COM ALBERTO

**Como o senhor explicaria seu caminho da diplomacia para os estudos sobre a África? Como foi possível conciliar as pesquisas com suas funções de diplomata?**

> *Tenho a impressão de que uma coisa não tinha nada que ver com a outra. A minha vida de diplomata não se confundia com a minha curiosidade intelectual, nascida de meu desejo de compreender o que éramos como povo. Ser diplomata, contudo, me ajudou muito, porque graças à diplomacia pude, desde 1960, conhecer os países africanos. E pude, assim, confrontar o vivido com o lido. Minha curiosidade pela África antecedeu meu ingresso no Itamaraty. Surgiu por volta dos meus quinze, dezesseis anos. Numa época em que entre nós ninguém se preocupava com a África, eu já tinha a alcunha de* **Jeje-Nagô**,* *porque lia tudo o que saía sobre a África.*

*Minha adolescência, ou, melhor, o fim de minha adolescência, coincidiu com o início do processo de descolonização da África. Quando eu era menino e morava em Fortaleza, me acostumei a acompanhar pelo rádio – e, quando eu digo em* rádio, *me refiro à BBC de*

***Jeje-nagôs:** termo usado para designar a fusão das culturas jejes e nagôs, que se dá principalmente em religiões afro-brasileiras. Os nagôs constituem um dos maiores grupos étnico-linguísticos da África Ocidental. Já os jejes eram provenientes do Reino do Daomé, onde hoje se situa o Benim.

*Londres, à rádio de Berlim, à Voz da América – o avanço da Segunda Guerra Mundial. Pode parecer incrível que um menino de sete, oito anos de idade se interessasse pela guerra. Mas, na minha casa, minha avó e minha mãe eram ferrenhas democratas, tinham horror ao nazi-fascismo e às experiências que estavam sendo feitas na Europa, onde lhes parecia que estávamos lidando com as utopias erradas. Acompanhei a luta que se travou na África e a disputa entre as colônias que aderiram a* **Charles de Gaulle*** *e as que acompanharam* **Pétain.*** *Em Fortaleza, como no Recife e em Natal, havia uma base aérea norte-americana, e fui testemunha de algo que nem sempre é mencionado: a passagem de soldados aliados, e não só norte-americanos, a caminho da África.*

**A gente em geral costuma se lembrar das bases americanas em Natal, mas não em Fortaleza. Você assistiu a tudo isso de perto, então?**

> *Sim. Eu era um menino. Estávamos em 1943. Em Fortaleza, para onde tínhamos nos mudado, depois que meu pai ficou doente. Em 1943, eu estava com doze anos. E, mais de uma vez, em 1942, 1943 ou 1944, vi pequenos grupos de militares que não eram norte-americanos e que hoje suspeito que fossem ingleses ou franceses. A presença da guerra na minha vida foi muito importante, porque ampliou a geografia na qual a minha curiosidade iria escarafunchar.*

*Três ou quatro anos depois, já no Rio de Janeiro, eu tive um professor, Herbert Parentes Fortes, interessantíssimo. Era professor de português, mas não dava aulas de português. Dava aulas de brasileiro. Era um excelente filólogo, mas não se restringia a isso: num dia falava sobre tragédia grega e, noutro, sobre arquitetura medieval, sobre as diferenças entre o românico e o gótico. Hoje em dia, a televisão e o cinema nos mostram uma igreja românica. Naquela época, quando muito, tínhamos desenhos ou fotografias nos livros. De modo que o gótico e o românico eram, para nós, abstrações, imagens mentais. E a*

***Charles de Gaulle** (1890-1970), general, político e estadista francês, com importante atuação como militar na Primeira Guerra Mundial. Na Segunda Guerra, liderou, com o apoio do primeiro-ministro britânico Winston Churchill, o governo exilado "França Livre". Foi presidente da França entre 1959 e 1969. Nesse período, negociou o fim da Guerra da Argélia e a independência da antiga colônia francesa, formalizada em 1962.

***Philippe Pétain** (1856-1951), general francês que atuou como chefe de estado da França de Vichy, de 1940 a 1944. Durante esse período, em que a França foi ocupada pelos nazistas, Pétain manteve aproximações com Hitler. Com o avanço dos aliados na Europa, foi obrigado a se refugiar em Sigmaringa, Alemanha. Em agosto de 1945, foi julgado por traição e recebeu a pena de morte – que, por conta da idade, foi comutada por prisão perpétua.

*África, também. O professor Herbert me indicou um livro chamado* Casa-Grande & Senzala *[Gilberto Freyre], e esse livro me mostrava que o Brasil era mestiço, e reclamava a atenção para o papel do negro na formação brasileira. Eu o li e fiquei espantado: era tudo novo para mim. E o professor Herbert me disse: "Já que você gostou, recomendo-lhe que leia, de Manuel Querino,* Costumes africanos no Brasil, *e depois* Imagens do Nordeste místico em branco e preto, *de Roger Bastide". E fui lendo essas coisas.*

**Quantos anos o senhor tinha?**

**>** *Quatorze, quinze, dezesseis anos. O Gilberto Freyre, eu tenho a impressão de que li aos quinze ou dezesseis anos. E foi então que comecei a estudar a África. Ainda tenho um livro que comprei naquela época, raríssimo, de um viajante europeu pela África no século XIX:* Como eu atravessei a África *[2 volumes], de Serpa Pinto. E isso não tinha nada que ver com diplomacia. Passei a querer ser diplomata mais tarde. Eu, quando tinha dezessete anos, me sentava lá, na Biblioteca Nacional, na seção de manuscritos, onde aprendi a admirar* **Jaime Cortesão,*** *que tinha uma mesa especial, reservada para ele, e estava fazendo uma longa pesquisa. E nós levávamos para ele as dúvidas que tínhamos com relação aos manuscritos que estávamos examinando. Pedíamos ajuda: "Professor, este aqui quem é?", e ele explicava quem era, sempre com uma paciência enorme, a mesma paciência que eu procurei imitar a minha vida inteira.*



**E como a diplomacia entra nesse processo?**

**>** *A diplomacia entrou cedo em minha vida. Publiquei meu primeiro artigo no* Jornal do Brasil, *aos quinze anos. Quem me pediu esse texto e o levou para o jornal foi o Múcio Leão. Aos dezessete, eu estava trabalhando na Biblioteca Nacional e, àquela altura, não pensava em ser diplomata. Quando meu pai morreu, sofri enorme choque e, pouco depois, fiquei doente, tive tuberculose. Precisei ir para Campos do Jordão, onde passei dois anos e meio em tratamento. Quando voltei ao Rio de Janeiro, alguns amigos meus mais velhos, como Gustavo Linhares Beutemüller, Luiz Gallotti e Alberto de Andrade Queiroz, passaram a insistir comigo: "Você vai ser*

***Jaime Cortesão** (1884-1960), médico, político, escritor e historiador português. Filho do filólogo António Augusto Cortesão, foi pai da renomeada ecologista Maria Judith Zuzarte Cortesão e da poeta Maria da Saudade Cortesão, esposa de Murilo Mendes. Fixou-se no Rio de Janeiro em 1940, dedicando-se ao ensino universitário e aos estudos sobre formação territorial do Brasil. Autor de obras como *História dos Descobrimentos Portugueses.*

*diplomata. Você tem tudo para ser um bom diplomata". Foi quando minha mãe me contou a história, que depois ouvi repetidas vezes, e que é narrada por Pedro Nava em* Balão cativo, *de um almoço de meu pai com o barão do Rio Branco. Era assim que o barão escolhia os futuros diplomatas: em conversas durante almoços. Pois bem, meu pai foi almoçar com o barão, e o barão, depois do almoço, disse-lhe: "Da Costa, você é um rapaz inteligente, fala muito bem francês, gosto de sua poesia, mas, me desculpe, você no Itamaraty não entra. Você é muito feio. Você parece um macaco". Ao ouvir essa história diversas vezes, que varia um pouco conforme quem a conta, decidi ser diplomata, para fazer desforra ao barão.*

*Quando, na minha época, você se apresentava como candidato à carreira, era entrevistado formalmente por três diplomatas. Quando me perguntaram por que eu queria ser diplomata, respondi: "Por vingança". "Mas como, por vingança, como?" E eu contei a história. Para minha felicidade, um dos presentes era o embaixador Antônio Camilo de Oliveira, que era mineiro e conhecia o episódio, porque meu pai morou vários anos em Belo Horizonte e sua primeira mulher era mineira.*



**Seu pai teve um papel muito importante em sua formação?**

> *Teve. Meu pai não foi ser diplomata. Foi trabalhar no Ministério da Fazenda. E na Fazenda, ele foi uma espécie de diplomata, porque atuou como representante do Ministério no Maranhão, no Amazonas, no Rio Grande do Sul e em São Paulo, como delegado fiscal do Tesouro Nacional. Mas, por volta de 1933, ele ficou doente, muito cedo, teve um problema de natureza neurológica e se afastou da vida, se exilou em si mesmo. Parou de falar, desinteressou-se do mundo. Meu pai foi um excelente poeta, que sofreu por ter ficado calado, sem ter morrido, durante mais de quinze anos. Como poeta, não foi estudado como contemporâneo nem como um poeta de obra acabada, porque não estava vivo nem morto. Mas foi uma presença muito forte em minha vida.*

**Na sua escrita também?**

> *Na minha escrita de poeta. Penso que herdei a poesia dele. E o que fiz na minha vida foi fazer o que meu pai não conseguiu fazer. Como se ele se prolongasse em mim. E, de certa forma, minha paixão pela África é uma homenagem a meu pai, porque é um ato poético.*

**Por que um ato poético?**

> *Porque eu me interessei pela África quando ninguém se interessava. Muito se falava sobre arte africana, mas a África só chegava às nossas casas com o Tarzan ou o Jim das Selvas, com os personagens de histórias em quadrinhos ou dos livros da* **coleção Terramarear**,* *da qual li todos, porque, aos oito ou nove anos, comecei a ler desvairadamente.*

**E como a diplomacia acabou contribuindo para sua paixão pela África?**

> *Quando entrei no Itamaraty, fui trabalhar no departamento econômico, porque tinha uma boa formação em economia. Tratava basicamente do Japão, mas acompanhava o que se passava na Ásia e na África. Os ofícios que chegavam de Londres, Lisboa, Paris e Bruxelas sobre temas africanos terminavam em minha mesa, e, à paixão dos meus dezesseis anos comecei a somar o interesse profissional. Em 1960, fui removido para a embaixada em Lisboa, em circunstância curiosa. Eu conquistara o segundo lugar da minha turma, por isso podia escolher o posto. O primeiro lugar, ocupado por meu grande amigo Ivan Batalha, escolheu Bonn, na Alemanha, e eu pedi Washington. A minha remoção estava pronta, quando me encontrei, no lago do velho palácio do Itamaraty, com o ministro das Relações Exteriores de então, o* **Negrão de Lima**.* *E o Negrão de Lima estava sendo substituído pelo* **Horácio Lafer*** *e indo para Lisboa, como embaixador. Quando Negrão me viu, chamou-me: "Da Costa, você é quem deveria ir comigo para Lisboa. Não quer ir?". Respondi: "Ministro, eu iria com o maior prazer, mas estou sendo removido para Washington. O senhor já assinou a minha remoção, ou a está assinando". "Não seja por isso, eu* desassino *na hora." E eu acabei indo para Lisboa e me dei admiravelmente bem*

***A coleção Terramarear** nasceu em 1933 e era composta de publicações destinadas ao público infantojuvenil, editadas pela Companhia Editora Nacional, de então propriedade de Monteiro Lobato. Por meio de traduções feitas por autores de prestígio, como Manoel Bandeira e Agripino Grieco, além do próprio Lobato, o público brasileiro pôde ler diversos clássicos da literatura estrangeira em português.

***Francisco Negrão de Lima** (1901-1981), advogado, jornalista e político mineiro. Ocupou diversos cargos públicos, chegando a ser ministro da Justiça no segundo governo de Getúlio Vargas e ministro das Relações Exteriores de Juscelino Kubitschek. Em 1965 elegeu-se governador do estado da Guanabara pelo Partido Social Democrático (PSD), mesmo sem ser o candidato preferido da Ditadura Militar.

***Horácio Lafer** (1900-1965), advogado, político e empresário. Ocupou diversos cargos públicos, entre eles o de ministro da Fazenda no segundo governo de Getúlio Vargas, exercendo considerável influência na condução da política econômica getulista.

*com o Negrão de Lima, que me ensinou muita coisa. Era um homem muito inteligente e sensível. Quando cheguei a Lisboa, ele me deu a incumbência de cuidar das possessões africanas portuguesas. E naquele mesmo ano de 1960, ele foi representar o Brasil nas cerimônias da independência da Nigéria, e me levou. Foi quando comecei a conhecer fisicamente a África. A partir daí, as pessoas descobriram que eu gostava do continente e me mandavam para acompanhar tudo que se passava lá. Fiquei quase dois meses na Etiópia, onde fui representar o Brasil na Comissão Econômica para África. Fui à Costa do Marfim, para uma reunião de países produtores de cacau. Percorri de automóvel, em três ocasiões, de Gana à Nigéria. Passei mais de uma semana nos Camarões. Viajei por Angola. Estive várias vezes no Senegal, onde entrei em contato com alguns dos grandes africanistas franceses. Tudo isso em menos de dois anos. A África voltou a ocupar minha cabeça. Alguém diria que ela passara do plano da poesia para o plano da realidade. Não há, porém, intelectual mais realista do que o poeta.*

**Por quê?**



> *Porque ele lida com as coisas; não lida com enredos.*



**Então o fato de estar em Portugal foi decisivo para essa aproximação com a África?**

> *Sim. E também porque descobri que havia uma literatura enorme sobre a África nas livrarias portuguesas, que eu não encontrava nas brasileiras. No Itamaraty, eu já tinha lido os viajantes dos séculos XV e XVI, os portugueses, os italianos, Duarte Pacheco Pereira [1460-1533], [Alvise] Cadamosto [1432-88], Valentim Fernandes [1450-1518 ou 1519], João de Barros [1496-1570] – tudo isso eu já havia lido no Brasil. Mas as pessoas me diziam: "Por que você estuda tanto a África? Por que você não estuda a Grécia Antiga?". É preciso não esquecer que* **Trevor-Roper**,* *o grande historiador britânico, afirmara, nessa mesma época, que a África não tinha história, que a movimentação de povos nômades não é história. A essa altura, já havia muitos livros de antropologia social que tinham sua parte de história, que se encontrava quando se lia Heinrich Barth [1821-65], por exemplo.*

***Hugh Trevor-Roper** (1914-2003) foi um historiador britânico especializado em história moderna e na Alemanha nazista, além de professor de História Moderna na Universidade de Oxford. Seu livro de maior sucesso foi *The Last days of Hitler*, publicado em 1947 (*Os últimos dias de Hitler: o fim trágico do Terceiro Reich*). Nele, Trevor-Roper ajuda a refutar algumas teorias da época, que diziam que Hitler ainda estava vivo.

*E foi, coincidentemente, a partir de 1960 que começaram a ser editadas as grandes revistas de história da África, como* The Journal of African History, *da qual eu devo ter sido um dos primeiros assinantes brasileiros.*

**E a carreira diplomática continuou a levar o senhor em direção à África?**

> *Bem, de Portugal eu fui removido para a Venezuela. E, quando houve o golpe militar de 1964, a Venezuela suspendeu as relações diplomáticas com o Brasil, porque, pela* **Doutrina Betancourt**,* *o país não aceitava um governo surgido de golpe militar. Continuavam, porém, as relações consulares. O Itamaraty decidiu, então, manter na Venezuela o funcionário de carreira mais baixo na hierarquia, e esse funcionário era eu. De modo que fiquei como cônsul por quatro anos, o que foi uma experiência extraordinária, porque, na realidade, fui embaixador de fato, mal entrado nos trinta anos. E os venezuelanos me tratavam como embaixador. Tive de me afastar por algum tempo dos meus estudos sobre a África. Quando saí de Caracas e voltei para o Brasil, fui trabalhar com o secretário-geral do Itamaraty, Sérgio Corrêa da Costa. Fui, então, várias vezes a Portugal, tratar de assuntos africanos. Fui, em seguida, removido para Washington, para o setor político da embaixada em Washington, mas voltei ao Brasil depois de um ano, para ser assessor do ministro Mario Gibson Barboza. Isso, no início dos anos 1970. Então organizamos uma grande viagem por vários países da África Atlântica. E eu fiz algo novo: convoquei os jovens diplomatas recém-nomeados e pus cada um deles a estudar um diferente país africano. Mandei buscar para eles, em Paris e em Londres, livros de história africana. E estudei com eles! Terminado o período de Gibson como ministro, fui removido para Madri, para onde iria também o Evaldo Cabral de Mello. Foi um período muito bom do ponto de vista profissional, com a Espanha vivendo, após a morte de Franco, o processo de redemocratização. Quando da apresentação de credenciais de meu embaixador, Sérgio Armando Frazão, Franco ainda estava vivo. Tenho uma fotografia do generalíssimo tomada na ocasião. Quando ele morreu, eu*

***Doutrina Betancourt**
Instituída na Venezuela durante a década de 1960, foi criada em homenagem ao ex-presidente do país, Rômulo Betancourt. Tinha como objetivo orientar a política externa do país em defesa da democracia. Em teoria, a doutrina estabelecia que a Venezuela deveria restringir o estabelecimento ou a manutenção de relações diplomáticas apenas com países com governos democraticamente eleitos. Na prática, favoreceu os Estados Unidos, na medida em que ajudava a justificar o isolamento diplomático de Cuba.

*estava lá. A caminho de Madri, passei o fim de abril e a primeira quinzena de maio em Lisboa, no Hotel Tivoli, ali, na avenida da Liberdade, e assisti à chamada Revolução dos Cravos [1974]. Eu estava jantando na casa de um amigo, o pintor Manuel Baptista, com outro pintor, o [Marcelino] Vespeira. E o jantar terminou tarde, depois das duas da manhã. Eu voltei, guiando um carro emprestado por outro amigo, e a cidade estava vazia. Não havia ninguém nas ruas. Quando cheguei ao hotel, encontrei um recado de meu colega Raul Fernando Leite Ribeiro. Que eu telefonasse para a casa dele. E ele me disse: "Alberto, estourou a revolução! Vamos vê-la!". E saímos, os dois, a ver a revolução, nas ruas apinhadas de gente. Dias depois, o João Sá da Costa me convidou para almoçar com Joaquim Pinto de Andrade, o irmão padre do Mário Pinto de Andrade. O padre era, como o irmão, um dos líderes independentistas de Angola, e fora chamado a Lisboa. Eu acompanhei o que estava acontecendo em Portugal e em suas colônias, desde 1961. E estava na Espanha, quando, em 1975 ou 76, o Carlos Lacerda foi a Madri. Num jantar em casa de* **Lídia Besouchet** *e* **Newton Freitas**,* *eu travei uma discussão com ele sobre a guerra civil em Angola. Tínhamos posições antagônicas. O Carlos Lacerda, homem muito inteligente e muito sensível, conversava bem. Numa conversa, era todo o contrário do Lacerda que escrevia nos jornais e falava no rádio e na televisão. Tanto, que eu dizia para ele: "Carlos, nunca escreva sobre mim, porque como você não sabe escrever a favor, vai escrever contra mim, e você é meu amigo". No meio da discussão, ele me disse: "Olhe, Alberto, você sabe essas coisas todas sobre a África, que o brasileiro ignora. Você tem a obrigação de escrever sobre a história da África". E eu respondi: "Mas, Carlos, eu sou poeta, não sou historiador". E ele insistiu: "O Mário de Andrade também era poeta, mas entendeu a sua função social". Então, foi o Carlos Lacerda quem me impôs essa obrigação, e eu comecei a escrever uma história da África. De Madri, fui para Roma, onde encontrei muitos livros sobre a África. E de Roma fui para a Nigéria, onde fiquei três anos como embaixador. Lá e cumulativamente na República do Benim. Quando cheguei à Nigéria, já estava com* A enxada e a lança *[1992] quase terminada. Mas, depois que escrevo, preciso passar algum tempo a repensar o que escrevi, porque muitas vezes descubro que não tinha razão. E assim começou essa minha aventura de escrever sobre a África. E quando você escreve sobre algum assunto, acaba por estudá-lo mais e mais, porque faz mais perguntas a si mesmo.*

***Lídia Besouchet e Newton Freitas.** Casal de intelectuais brasileiros e militantes de esquerda forçados a deixar o Brasil durante a ditadura do Estado Novo (1937-45).

**Quais foram as várias Áfricas que vieram para o Brasil? Porque esse é um papel importante seu, mostrar que não existe uma África só.**

> *Pois é, as Áfricas são muitas. O brasileiro até hoje ainda diz: "Isso veio da África". Mas não diz: "A pizza vem da Europa", mas sim "a pizza vem da Itália". E diz que os portugueses fizeram isto, e os italianos, aquilo. Por que não se diz que os ambundos fizeram isto, e os iorubás, aquilo, e os pendes, e os macuas, e os pepeis aquilo outro. Trata-se de culturas diferentes, que deram contribuições distintas para a formação do Brasil. Algumas culturas tiveram uma força maior do que outras, e falamos de culturas diferentes, que na África não se confundem, mas no Brasil se misturam. No Brasil, um minhoto vai encontrar um algarvio pela primeira vez. Este podia nunca ter falado com aquele em Portugal. Um italiano do Vêneto, no século XIX, conhece um siciliano pela primeira vez no Brasil. Na Itália ele não teria tido esta oportunidade. Assim também se passou na África. Os jalofos que foram trazidos para o Brasil nada sabiam dos pendes, e eram diferentes deles na língua e nos modos de viver. Veja-se este caso, que mostra bem as diferenças. Os ibos, na Nigéria, são quase vizinhos dos iorubás. Mas quando uma mulher ibo dava à luz gêmeos, ela e os filhos eram réprobos. Os gêmeos tinham de ser abandonados na floresta, pois eram uma abominação. E a mãe tinha que passar por penitências e cerimônias de purificação. Já entre os iorubás, quando nascem gêmeos, isso é motivo de festa, pois a mãe é uma predileta dos deuses e os filhos trazem felicidade para o mundo. Veja bem: uma coisa tão importante como o nascimento e posições inteiramente distintas.*



**Que vão se misturar aqui...**

> *Essas diferentes culturas vão se misturar aqui. E aqui determinados grupos tiveram mais força do que outros e impuseram seus valores. No fim do século XVIII e até a abolição do tráfico negreiro, certas cidades receberam principalmente, além de angolanos, indivíduos provenientes da chamada Costa dos Escravos – do antigo Daomé (atual República do Benim), do Togo e da Nigéria. Essas pessoas estavam acostumadas a viver em grandes cidades na África Ocidental e vieram a formar no Brasil boa parte da população urbana. Elas exerceram uma espécie de catequese cultural, e não apenas entre outros africanos e seus descendentes, mas também entre os de ascendência europeia. Esses catequistas de êxito correspondem às*

*últimas gerações de africanos que vieram para o Brasil. Porque é preciso não esquecer que os africanos trazidos para cá eram distintos entre si não apenas na língua, na cultura e na geografia de origem, mas também no tempo. O português que chegava ao Brasil em 1770 não era igual ao que desembarcava em 1870. O marceneiro que emigrava em 1870 trazia consigo novas técnicas de trabalho e uma nova maneira de conceber o mundo. O mesmo aconteceu com os africanos. É hoje difícil, diante de determinada prática ou situação, dizer-se que chegou no século XVIII ou no XIX, e o que nela é tupinambá, o que é libolo, o que é bariba, minhoto, árabe ou toscano. Veja-se o caso do Curupira. Baixinho, cabeludo, possui os pés voltados para trás, para iludir os caçadores e proteger os animais selvagens. Quando eu era menino, aprendi que o Curupira era um personagem ameríndio. Mas vários povos da África conhecem personagens baixinhos, cabeludos, de pés voltados para trás, para enganar os caçadores. Os axantes os chamam moatias; e doquis, os sossos; e azizãs, os fons; e condrongos, os jalofos; e ijimeres, os iorubás. E não derivará o Saci desses lendários povos miúdos africanos?*



**O senhor queria conhecer as muitas Áfricas para encontrar o Brasil?**
> *Foi exatamente isso. Primeiro, para encontrar o Brasil. Depois, para descobrir de onde é que vínhamos.*

**Qual foi a África que o senhor encontrou no Brasil?**
> *A África Atlântica, predominantemente. A África cujos rios correm para o Atlântico. Uma outra África também tem importância, a Índica, da qual eu achei uma presença menos nítida e ampla. Há coisas curiosas. Quando você vai ao Maranhão, ao Piauí e ao Pará, depara-se com a presença da Alta Guiné, dos banhuns, pepéis e mandingas. Quando você vai à Bahia, ao Recôncavo Baiano, para ser mais preciso, as influências mais evidentes são as dos fons e das diversas nações iorubás. Já no Rio de Janeiro predominaram os escravizados trazidos de Angola, dos dois Congos e do Gabão. Esses africanos de língua banta foram, aliás, maioria em quase todo o Brasil. No Rio de Janeiro passou-se, contudo, algo muito interessante: na segunda metade do século XIX, ou um pouco antes, a cidade tornou-se o destino de uma diáspora baiana, que vai iorubanizá--la, ou, quando menos, marcá-la com crenças, valores e tradições iorubanas.*

**E como podemos identificar essas heranças palpáveis da África no Brasil?**

> *Nós temos a tendência de, quando falamos de herança africana, privilegiar a religião, a música, a dança e a cozinha, e dar pouca atenção à maneira de andar e sentar, de viver em família e de falar. A contribuição das línguas africanas, sobretudo do quicongo, do quimbundo e do umbundo ao português do Brasil, é enorme. O gbe dos fons e o iorubá ficaram mais ligados ao nome dos objetos e das cerimônias religiosas, ao passo que o vocabulário de origem banta é usado no dia a dia. Quando digo "eu estava quase cochilando", ou "ela cochichou para mim", ou "eu me zanguei", "zangar" é o aportuguesamento de uma palavra africana, de uma palavra ambunda; "cochichar" é quiconga; "zangar" é ambunda. São os três verbos e exprimem ações corriqueiras. Quando você diz "meu filho caçula", está usando um termo africano. Um português diria "benjamim". Um português não se "zanga"; quem se "zanga" é brasileiro. Se bem que hoje em dia já se zanga, por causa das novelas de televisão e dos romances de Jorge Amado. São, de fato, milhares de palavras que vêm da África e que empregamos diariamente. É curioso que sejam poucas as contribuições africanas ao nosso vocabulário geográfico. A maioria de nossos topônimos é de origem ameríndia, tupi, aruaque, caribe.*



**Há um tema bem polêmico que o senhor sempre aborda, que é o fato de, mesmo antes de os europeus chegarem, já haver escravidão na África.**

> *Já havia escravidão na África, assim como havia na China, no Japão, na Pérsia, na Arábia, por toda a parte. Havia várias formas de escravidão, e na África ela podia ser uma maneira de um estranho ingressar na sociedade para qual havia sido levado. Um indivíduo, capturado num combate, via-se reduzido à escravidão, mas pelo casamento na família do dono tornava-se livre. Entre alguns povos, após uma ou duas gerações, o descendente de escravo integrava-se na família do senhor. Em outros, a escravidão podia assumir formas muito violentas. E mesmo depois de morto, o escravo continuava escravo. Era enterrado com uma corda amarrada no pescoço, com uma ponta fora da cova, a fim de que seu dono, ao puxá-la, pudesse reafirmar sua posse. Há muitas escravidões, e elas se modificam no tempo e no espaço. No Brasil, a escravidão numa usina de açúcar era diferente da escravidão numa casa do Rio de Janeiro. Ser escravo doméstico de uma pessoa pobre era diferente de ser escravo de uma*

*pessoa rica. O escravo de uma pessoa rica comia melhor, vestia-se melhor, podia ter certas compensações. O escravo de uma pessoa pobre comia mal e vestia-se pior, mas tinha menos dificuldade em passar por membro da família de seu dono. Talvez fosse exceção quem isso desejasse. Mas as exceções confirmam a regra. É como o problema do amor entre senhores de escravos e a escrava Isaura. Em geral, era imposição de um sobre o outro, o estupro era a forma mais clara e mais corriqueira de atividade sexual entre o escravizador e o escravo. Mas ao lado disso tiveram casos excepcionais de amor verdadeiro entre o escravo e o escravizador. Nós conhecemos alguns desses casos. Não era regra que os senhores reconhecessem os filhos dessas uniões fugazes ou duradouras, violentas ou afetuosas, mas alguns o faziam e, mais raro ainda, mandavam os rapazes estudar na Europa. Não lhes legavam bens, mas os enviavam para Coimbra e Montpellier. Assim você compreende porque tivemos o Visconde de Jequitinhonha e todos aqueles políticos e homens públicos do Império que tinham ascendência africana. São casos excepcionais, mas não podem ser esquecidos, ou fica impossível entender o Brasil. Como é que podemos entender o Brasil não tendo presente que Machado de Assis tinha ascendência africana, André Rebouças, Teodoro Sampaio, Gonçalves Dias, que até bem pouco tempo era raro quem tido por branco não tivesse algum sangue negro ou índio, e quem tido por negro, algum sangue branco ou índio. Fica difícil entender o Brasil sem conhecer a contribuição africana na casa-grande, e não somente na senzala.*

*Eu tenho uma teoria sobre a casa-grande, que pode estar errada: a de que a casa-grande brasileira era, socialmente, mais africana do que portuguesa. Quando se fala em casa-grande, no complexo açucareiro, por exemplo, nós nos referimos a uma construção de arquitetura portuguesa, em geral cercada de varandas – as varandas que foram trazidas da Índia ou da África, pois em várias partes do continente africano, são famosas as casas com varandas, de dois andares, feitas de madeira e palha. Na casa-grande brasileira morava o dono da propriedade com sua mulher, ou suas mulheres, as filhas, os genros, os filhos, as noras, os netos, os agregados e, na senzala, os escravos. Em Portugal, a casa tinha desenho semelhante, e nela, quase sempre, só viviam o dono e sua mulher, os filhos solteiros e um ou dois casados com suas crianças. Se o chefe da casa tivesse amante, esta não vivia na mesma morada. Na casa-grande brasileira, via-se gente por todos os lados. Ela se assemelhava em seu funcionamento ao conjunto residencial de um chefe ou* bigman *da África Ocidental, com suas várias mulheres, irmãs, filhos e suas famílias, parentes, agregados e escravos. Quanto mais pessoas ele tivesse sob seu comando, maior era o seu poder político. Assim também no Brasil.*

**Ao mesmo tempo que o senhor fala dessa mistura, o senhor foi um dos primeiros defensores de cotas no Brasil.**

**>** *Não sei se fui dos primeiros, mas sempre defendi as cotas. Até porque o Brasil começa e acaba em vários momentos. O Brasil que começa em 1930 é muito diferente do Brasil que começou em 1841, com a maioridade de d. Pedro II. Em 1930, começam a se fazer notar e a ter influência as primeiras gerações de descendentes de imigrantes não portugueses. Se tiver dúvida, leia Antônio de Alcântara Machado, que em* Brás, Bexiga e Barra Funda (1927) *retrata os italianos em São Paulo, e atente para o fato de que, antes de 1940, não havia praticamente diplomata brasileiro com sobrenome que não fosse português. Nas primeiras décadas do século XX, os filhos de imigrantes foram paulatinamente preenchendo espaços que eram ocupados por homens de ascendência africana. Assim, se Pinheiro Machado era branco, o seu amigo, o senador* **Antônio Francisco de Azeredo,*** *era tido por mulato, e como tal aparece nas caricaturas da época. Havia amplos espaços para o mulato na vida brasileira. A partir de Vargas, só tivemos presidentes da República brancos. Antes, Campos Sales era tido por mulato, assim como Nilo Peçanha, Rodrigues Alves e Washington Luís. Quando fizemos a abolição, não cuidamos do destino dos ex-escravos, aos quais o país tanto devia. Eles foram expulsos de seus ofícios, relegados às franjas da sociedade e despidos de futuro. Há um conto de Coelho Neto, em* Húmus, *em que um antigo escravo passa pela fazenda na qual trabalhou por muitos anos e vê, amargurado, colonos italianos cuidando da terra que ele desbravara e da qual foi afastado. Veja um belo armário oitocentista. Ele foi feito provavelmente por mãos negras. Mas a partir de 1900, de 1905, de 1910, passou a ser feio e pesadão. Mudaram as modas e, ao mudarem, expeliram do mercado os que eram mestres em fazer móveis à maneira antiga. E os ex-escravos marceneiros foram substituídos pelos imigrantes europeus que copiavam o delicado mobiliário francês e inglês. Fomos, assim, reduzindo cada vez mais,*

***Antônio Francisco de Azeredo** (1861-1936), jornalista e político mato-grossense. No Rio de Janeiro, foi fundador do jornal *Diário de Notícias*. Exerceu grande influência na campanha republicana que precedeu a queda da monarquia no Brasil e foi um dos signatários da Constituição Brasileira de 1891. Em 1910, junto com o amigo gaúcho José Gomes Pinheiro Machado, fundou o Partido Republicano Conservador (PRC). De 1897 até 1930, ocupou a cadeira de senador pelo estado do Mato Grosso. Com a ascensão de Getúlio Vargas ao poder, partiu para o exílio na Europa.

*à medida que avançava o século XX, o espaço do negro na sociedade brasileira. Por que o sistema de cotas é importante? Porque reconhece a ausência de possibilidades de ascensão social de pessoas de determinado grupo. Não falo nos indivíduos com dotes excepcionais, mas do homem comum. É como o problema das mulheres. Não basta que uma mulher de grande saber jurídico seja ministra do Supremo Tribunal. Na maior parte dos casos, ela não chega lá. E, para atingir certos postos de decisão e comando numa grande empresa, tinha, e ainda tem, de se comportar como homem. Com as mulheres negras, as dificuldades são ainda maiores. Não esqueçamos que, no Brasil, se discrimina pela cor, pela aparência, e não pela origem. Se um grupo de estudantes de medicina estiver num botequim, tomando café e conversando, e houver uma batida policial, os agentes pedirão a identidade dos negros que estiverem lá, não importunando os brancos nem os mulatos claros. Costumo dizer que, para entender o preconceito no Brasil, é preciso conversar com os negros. Não adianta pedir a opinião dos brancos, porque estes nunca sofreram preconceito. E penso que os resultados apresentados pelas cotas até agora provam que elas eram realmente necessárias.*



**A poesia e a história acabaram se cruzando na biografia que o senhor escreveu de Castro Alves, que não trata somente de fatos. Na verdade, nesse livro, o senhor escreve a vida de Castro Alves a partir da poesia...**

> *Se fiz isso, foi sem querer e sem saber o que estava fazendo. Esse foi um livro de encomenda, que escrevi em quatro meses. Eu estava muito interessado na geração de Castro Alves [1847-71], no convívio do poeta com seus colegas de São Paulo. E fui descobrindo coisas. Por exemplo, que os escravos sobre os quais escreveu eram personagens de Delacroix, do orientalismo francês. E que ele possuiu escravos. Já* **José Bonifácio*** *não os teve, quando todos das classes dirigentes tinham.*

**E por que o senhor acha que o José Bonifácio não tinha escravizados?**

> *Não quis ter. Jamais quis. Ele escreveu mais de uma vez que não aceitava a escravidão. Era mais do que um gesto político. Na época, as*

***José Bonifácio de Andrada e Silva** (1763-1838), político e mineralogista paulista. Filho de uma das famílias mais ricas do país, foi figura fundamental no processo de independência do Brasil, e por isso recebeu a alcunha de "Patriarca da Independência". Estudioso de várias áreas, tornou-se membro de diversas academias científicas espalhadas pelo mundo. Político atuante, foi exilado na França em 1823, após divergências com d. Pedro I. Retornou ao Brasil apenas em 1829.

*pessoas não achavam que a escravidão era ruim. Há, no sul dos Estados Unidos, uma bibliografia espantosa de autores, e bons autores, que defendiam a escravidão. José de Alencar defendeu até o fim o regime escravista. Os iluministas eram todos racistas. Todos não, a maioria. E consideravam a escravidão um fato natural, normal.*

**O senhor também escreveu importantes livros de memórias...**
> *De ficções da memória. Porque toda memória é seletiva. Quando escrevi* Espelho do Príncipe *[1994], dediquei um capítulo a umas senhoras que tinham uma quinta perto de minha casa, em Fortaleza. Nós, os meninos da rua – naquela época, os meninos ainda brincavam na rua, hoje não brincam mais –, pulávamos o muro da quinta, para furtar frutas. Minha irmã, Alice, reclamou: "Isto está errado. O pomar não era das velhotas, não. Era de um major reformado. Eu me lembro bem". Eu lhe disse: "A sua memória é uma coisa. A minha, outra. Não se anulam. Você fica com a sua. Eu, com a minha". Você lembra o que quer lembrar, quando você quer ou até mesmo quando não quer.*

**Por que essa opção de fazer memórias ao lado da história?**
> *Bem, são coisas diferentes. Como são diferentes as memórias e as autobiografias, que alimentam a história. Na autobiografia, você se situa, com a maior precisão possível, no espaço e no tempo, para se justificar, para se explicar. Ou para louvar a si mesmo. Nas memórias, não. As memórias são fragmentos de um passado que regressa emocionalmente, quando o convocamos ou quando menos se espera. Os livros de memórias contribuem pouco para a história dos homens. Mas contribuem muito para a história das coisas. É mais fácil reconstituir a evolução de um tipo de traje a partir de uma série de livros de memórias do que de uma coleção de autobiografias.*



**Qual o papel do historiador na vida pública? Ou, de outro modo, para que serve hoje o historiador?**
> *Para nada. Quando me interessei pela história da África, queria saber o que o Brasil devia à África e como a África ajudava a explicar o Brasil. Depois passei a gostar da história da África pela história da África, não por sua repercussão no Brasil, mas pelo que ela era em si. Para saber como tinha sido ou como talvez tenha sido. Quem foi mesmo que disse que história é o que fica depois que esquecemos o resto? Ah, foi* **Ranke**.*

*O grande prazer da história é saber a história. É você ler com alegria um livro de história.*

**Mas por que a história é importante para o senhor? Ou o senhor acha que é um grande historiador, assim, por acaso?**

> *Eu não sou um grande historiador. Sou movido pelo prazer de conhecer, pelo prazer de saber. É bem verdade que o passado nos entristece; que, como disse o poeta [Carlos Drummond de Andrade], "toda história é remorso". Mas, ao lado disso, existe a parte luminosa da história. Além dos recantos de sombra, a história tem recantos de claridade, que, quando os conhecemos, nos dão mais confiança no ser humano e no que temos em derredor. Cada um de nós é a soma de muitos passados e carrega nas costas os seus passados. Por que a história é importante para mim? Porque ela me dá prazer. Sinto prazer em saber que, no século XVI, uma pessoa que nunca conheci, e provavelmente não teria conhecido se eu tivesse vivido no século XVI, esculpiu o altar de determinada igreja, ou inventou uma nova receita, ao fazer uma linguiça de legumes. Eu não acredito que a história dê lições para o presente. Até porque ela é uma coleção de maus exemplos.*

*__Leopold von Ranke__ (1795-1886), professor e historiador alemão, considerado por muitos o principal organizador dos aportes teóricos e metodológicos que forneceram à História o caráter de disciplina científica moderna. Escreveu mais de sessenta livros, entre eles, se destacam *The Ecclesiastical and Political History of the Popes of Rome* e *A History of England*.

# Biografia

**12/05/1931**
Alberto Vasconcellos da Costa e Silva nasceu em São Paulo. Filho do poeta Da Costa e Silva (Antônio Francisco da Costa e Silva) e de Creusa Fontenelle de Vasconcellos da Costa e Silva.

**1933**
Mudou-se com a família para Fortaleza, onde fez os estudos primários e iniciou o curso secundário no Colégio Farias Brito.

**1943**
Mudou-se para o Rio de Janeiro, onde cursou o ginasial no Externato São José e no Instituto Lafayette.

**1957**
Diplomou-se pelo Instituto Rio Branco, no Rio de Janeiro.

*Alberto aos 25 anos.*

**1960**
Secretário na Embaixada do Brasil em Lisboa, cargo que ocupou até 1963.

**1961**
Delegado do Brasil na reunião da Comissão Econômica das Nações Unidas para a África, em Adis Abeba, na Etiópia.

**28/02/1961**
Condecorado com o título Cavaleiro da Ordem do Infante d. Henrique de Portugal.

# Bibliografia

*Fortaleza, 1930.*

*Alberto aos 17 anos e seu pai, o poeta Da Costa e Silva.*

**1953**
Publicou o livro *O parque e outros poemas* (Revista Branca, Rio de Janeiro).

**1957**
Organizou o livro *Antologia de lendas do índio brasileiro* (Instituto Nacional do Livro, Rio de Janeiro).

**1960**
Organizou a antologia *A nova poesia brasileira* (Escritório de Propaganda e Expansão Comercial do Brasil, Lisboa).

**1962**
Organizou a antologia *Poesia concreta* (Escritório de Propaganda e Expansão Comercial do Brasil, Lisboa).

**1962**
Publicou o livro *Alberto da Costa e Silva carda, fia, dobra e tece* (Manuel Pacheco, Lisboa).

# Biografia

**1963**
Secretário na Embaixada do Brasil em Caracas, na Venezuela, posto que ocupou até 1964.

**1964**
Cônsul na Embaixada do Brasil em Caracas, na Venezuela, cargo que exerceu até 1967.

**1967**
Auxiliar do Secretário-Geral de Política Exterior, do Ministério das Relações Exteriores do Brasil, até 1969.

**1969**
Secretário na Embaixada do Brasil em Washington, nos Estados Unidos da América, posto que ocupou até 1970.

**1970**
Oficial de Gabinete e Assessor de Coordenação do Ministro das Relações Exteriores do Brasil, Mário Gibson Barbosa, cargo que exerceu até 1974.

# Bibliografia

**1962**
Publicou a obra *O tecelão* (Livros Portugueses, Rio de Janeiro).

**1963**
Iniciou sua colaboração na seção brasileira da *Focus - Enciclopédia Internacional*, e a concluiu após 5 anos, em 1968. (Sá da Costa, Lisboa).

**1966**
Publicou o livro *Livro de linhagem* (Manuel Pacheco, Lisboa).

**1978**
Publicou o livro *As linhas da mão* (Instituto Nacional do Livro, Rio de Janeiro). Prêmio Luísa Cláudio de Sousa, do PEN Clube do Brasil.

*Washington, década de 1960.*

# Biografia

**1971**
Condecorado com o título Comendador da Ordem Militar de Cristo de Portugal.

**1971**
Condecorado com o título Comendador da Ordem do Infante d. Henrique de Portugal.

**1971**
Professor do Curso de Aperfeiçoamento de Diplomatas do Instituto Rio Branco, cargo que ocupou até 1972.

**1972**
Condecorado com o título Comendador da Ordem Militar de Sant'Iago da Espada de Portugal.

**1973**
Condecorado com o título Grande-Oficial da Ordem do Infante d. Henrique de Portugal.

**1974**
Ministro-conselheiro na Embaixada do Brasil em Madri, na Espanha, função que exerceu até 1976.

**1977**
Ministro-conselheiro na Embaixada do Brasil em Roma, na Itália, até 1979.

**1979**
Embaixador do Brasil em Lagos, Nigéria, posto ocupado até 1983.

*Madri, Espanha, 1975.*

*Acima, à esquerda, a medalha de Comendador da Ordem Militar de Sant'Iago da Espada de Portugal.*

*Roma, década de 1970.*

*Com a cobra sagrada dan, República do Benim, 1972.*

# Biografia

**1981**
Embaixador do Brasil em Cotonu, República do Benim, posto ocupado até 1981.

**1983**
Presidente da Banca Examinadora do Curso de Altos Estudos do Instituto Rio Branco, cargo que ocupou até 1985.

**1983**
Chefe do Departamento Cultural do Ministério das Relações Exteriores do Brasil, cargo que ocupou até 1984.

**1984**
Membro do Conselho Nacional de Direito Autoral, até 1985.

**1984**
Subsecretário-Geral de Administração do Ministério das Relações Exteriores do Brasil, posto que ocupou até 1986.

**1984**
Representante pessoal do Ministro das Relações Exteriores do Brasil, Ramiro Saraiva Guerreiro, nos encontros ministeriais, realizados em São Domingos, pela Organização dos Estados Americanos (OEA), para a preparação das comemorações do V Centenário do Descobrimento da América

**1986**
Embaixador do Brasil em Lisboa, Portugal, posto que ocupou até 1990.

**1986**
Titulado Doutor Honoris Causa em Letras pela Universidade Obafemi Awolowo (ex-Universidade de Ifé), da Nigéria.

# Bibliografia

**1981**
Publicou o livro *A roupa no estendal, o muro, os pombos* (Manuel Pacheco, Lisboa).

*Com Oni Ifé, na Nigéria, 1982.*

**1984**
Lançamento de *Tríptico*, série de três poemas musicados por Claúdio Santoro.

**1986**
Publicou o livro *Le linee della mano* (All'Insegna Del Pesce D'Oro, Milão).

**1986**
Publicou *Poemas de Da Costa e Silva e Alberto da Costa e Silva* (Tierra Brasileña, Lima).

# Biografia

**1986**
Condecorado com o título Grã-Cruz da Ordem Militar de Cristo de Portugal.

**1990**
Embaixador do Brasil em Bogotá, na Colômbia, posto que ocupou até 1993.

**1991**
Representante pessoal do Ministro das Relações Exteriores do Brasil, Francisco Rezek, na Reunião dos Ministros das Relações Exteriores do Mecanismo Permanente de Consulta e Concertação Política (Grupo do Rio).

**1991**
Condecorado com o título Grã-Cruz da Ordem do Infante d. Henrique de Portugal.

**1993**
Embaixador do Brasil em Assunção, Paraguai, posto que ocupou até 1995.

**1995**
Inspetor-Geral do Ministério das Relações Exteriores do Brasil, função exercida até 1998.

**1995**
Vice-presidente da Banca Examinadora do Curso de Altos Estudos do Instituto Rio Branco, até 2000.

**1997**
Membro do Comitê Científico do Programa Rota do Escravo, da Organização das Nações Unidas para a Educação, a Ciência e a Cultura (UNESCO), cargo que ocupou até 2005.

# Bibliografia

**1989**
Publicou o livro *O vício da África e outros vícios* (João Sá da Costa, Lisboa).

**1992**
Publicou o livro *A enxada e a lança: a África antes dos portugueses* (Nova Fronteira, Rio de Janeiro / Edusp, São Paulo).

**1992**
Publicou o livro *Guimarães Rosa, poeta* (Centro Colombo Americano, Bogotá).

**1993**
Publicou o livro *Consoada* (Imperial, Bogotá, Colômbia).

**1994**
Publicou o livro *O espelho do príncipe* (Nova Fronteira, Rio de Janeiro).

**1996**
Publicou o livro *As relações entre o Brasil e a África negra, de 1822 à 1ª Guerra Mundial* (Cadernos do Museu Nacional da Escravatura, Luanda).

**1997**
Publicou *Ao lado de Vera* (Nova Fronteira, Rio de Janeiro); pelo qual recebeu o Prêmio Jabuti da Câmara Brasileira do Livro.

**1997**
Publicou o livro *A literatura piauiense em curso: Da Costa e Silva* (Corisco, Teresina).

## Biografia

**27/07/2000**
Eleito para a Cadeira nº 9 da Academia Brasileira de Letras (ABL). Patrono Domingos Gonçalves de Magalhães.

**17/11/2000**
Tomou posse na Academia Brasileira de Letras (ABL). Foi o quarto ocupante da cadeira nº 9, sucedendo o acadêmico Carlos Chagas Filho.

**2001**
Secretário Geral da Academia Brasileira de Letras.

## Bibliografia

**1998**
Publicou o livro *Mestre Dezinho de Valença do Piauí* (Fundação Cultural Monsenhor Chaves, Teresina).

**1998**
Publicou o livro *Poemas de amor de Luís Vaz de Camões* (Ediouro, Rio de Janeiro).

**1999**
Publicou, em parceria com Alexei Bueno, a *Antologia da poesia portuguesa contemporânea: um panorama* (Editora Lacerda, Rio de Janeiro).

**2000**
Publicou o livro *Poemas reunidos* (Nova Fronteira, Rio de Janeiro), pelo qual recebeu Prêmio Jabuti, da Câmara Brasileira do Livro.

## Biografia

**2002**
Presidente da Academia Brasileira de Letras, função que exerceu até 2003.

**2003**
Membro do Júri do Prêmio Camões.

## Bibliografia

**2002**
Publicou o livro *O pardal na janela* (Academia Brasileira de Letras, Rio de Janeiro).

**2002**
Publicou o livro *A manilha e o libambo: a África e a escravidão, de 1500 a 1700* (Editora Nova Fronteira/ Fundação Biblioteca Nacional, Rio de Janeiro); pelo qual recebeu o prêmio Jabuti da Câmara Brasileira do Livro e o prêmio Sérgio Buarque de Holanda, da Fundação Biblioteca Nacional.

**2002**
Colaborou na organização do livro *O Itamaraty na cultura brasileira* (Editora Instituto Rio Branco/Embratel, Brasília).

**2003**
Publicou o livro *Um rio chamado Atlântico: a África no Brasil e o Brasil na África* (Nova Fronteira/UFRJ, Rio de Janeiro).

**2004**
Publicou o livro *Francisco Félix de Souza, mercador de escravos* (Nova Fronteira/Eduerj, Rio de Janeiro).

**2005**
Publicou o livro *Das mãos do oleiro: aproximações* (Nova Fronteira, Rio de Janeiro).

**2006**
Publicou o livro *Um passeio pela África* (Nova Fronteira, Rio de Janeiro; Centro de Estudos Afro-Orientais, Salvador).

**2006**
Publicou o livro *Castro Alves: um poeta sempre jovem* (Companhia das Letras, São Paulo).

*Benim, Séc. XVI. Marfim Etnia Edo. Metropolitan museum, Nova York.*

# Biografia

**2007**
Recebeu o prêmio Homem de ideias, pelo *Jornal do Brasil*.

**2008**
Recebeu o prêmio de Pesquisador Emérito, do Conselho Nacional de Desenvolvimento Científico e Tecnológico (CNPq).

**2008**
Condecorado com o título Grã-Cruz da Ordem Militar de Sant'Iago da Espada de Portugal.

**2008**
Primeiro Secretário da Academia Brasileira de Letras, cargo que ocupou até 2009.

**26/08/2008**
Titulado Doutor Honoris Causa, em História, pela Universidade Federal Fluminense (UFF).

**2010**
Diretor das Bibliotecas da Academia Brasileira de Letras, cargo que exerceu até 2015.

**2011**
Recebeu o prêmio de Professor Emérito, da Universidade Federal do Rio de Janeiro (UFRJ).

# Bibliografia

**2007**
Organizou a antologia de poemas *Augusto Meyer: ensaios escolhidos* (José Olympio, Rio de Janeiro).

**2007**
Publicou a obra *Invenção do desenho* (Nova Fronteira, Rio de Janeiro).

**2007**
Publicação do livro *Alberto da Costa e Silva: melhores poemas* (Global, São Paulo).

**2008**
Publicou o livro *A África explicada aos meus filhos* (Agir, Rio de Janeiro).

**2008**
Publicou o livro *O pai do menino* (Editora Giordanus, São Paulo).

**2009**
Publicou o livro *O quadrado amarelo* (Imprensa Oficial do Estado, São Paulo).

*Ilustração de Jorge Amado, por Carlos Scliar, 1960.*

**2010**
Organizou o livro *Essencial: Jorge Amado* (Penguin/Companhia das Letras, São Paulo).

**2011**
Prefaciou o livro *Para uma história da belle époque: a coleção de cardápios de Olavo Bilac* (Imprensa Oficial do Estado de São Paulo; São Paulo /Academia Brasileira de Letras, Rio de Janeiro).

# Biografia

**2012**
Titulado *Doutor Honoris Causa*, em História, pela Universidade Federal da Bahia (UFBA).

**2014**
Recebeu o Prêmio Camões, o mais importante da língua portuguesa.

# Bibliografia

**2011**
Organizou o volume *Crise colonial e independência* (1808-1830) da coleção História do Brasil Nação (Objetiva, Rio de Janeiro/Mapfre, Madrid).

**2012**
Publicou o livro Imagens da *África: da antiguidade ao século XIX* (Penguin/ Companhia das Letras, São Paulo).

**2014**
Co-organizou *O livro dos Ex-libris* (Academia Brasileira de Letras, Rio de Janeiro/Imprensa Oficial do Estado de São Paulo, São Paulo).



*Detalhe da fachada da Universidade do Brasil, atual UFRJ.*

## Referências

Perfil Acadêmico da Academia Brasileira de Letras (ABL) – Prof. Alberto da Costa e Silva. Disponível em: http://www.academia.org.br/academicos/alberto-da-costa-e-silva (Acesso: dia 27 de Março de 2019).

Perfil Biográfico do Sócio Emérito Prof. Alberto Vasconcellos da Costa e Silva no Instituto Histórico e Geográfico Brasileiro (IHGB). Disponível em: https://ihgb.org.br/perfil/userprofile/AVCSilva.html (Acesso: dia 27 de Março de 2019).

Perfil Biográfico do Prof. Alberto Vasconcellos da Costa e Silva na Enciclopedia Itaú Cultural. Disponível em: http://enciclopedia.itaucultural.org.br/pessoa6315/alberto-da-costa-e-silva (Acesso: dia 27 de Março de 2019).

Especial Alberto da Costa e Silva, revista *Hoblicua*, número 3, Teresina, Piauí, 2016. Disponível em: htthttp://hoblicua.com.br/docs/hob003_mimbo_short.pdf (Acesso: dia 27 de Março de 2019).

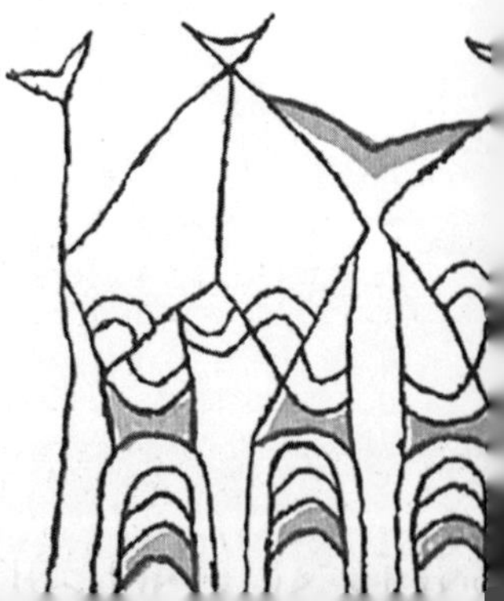

# Obras publicadas

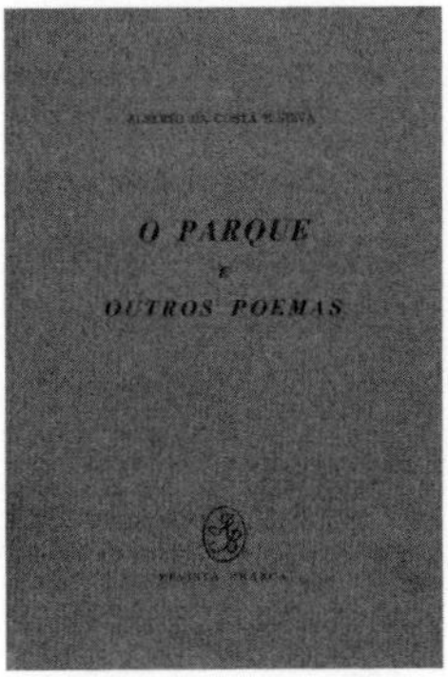


**1953**
Publicou o livro *O parque e outros poemas* (Revista Branca, Rio de Janeiro).

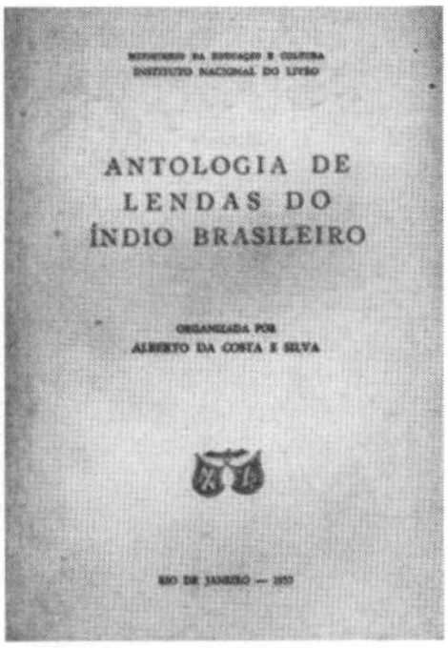


**1957**
*Antologia de lendas do índio brasileiro* (Instituto Nacional do Livro, Rio de Janeiro).

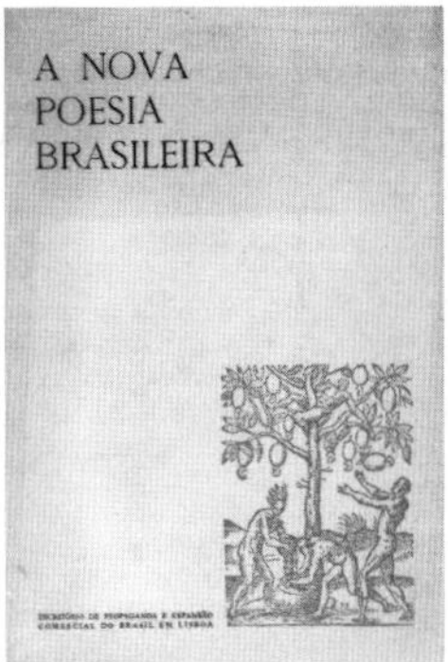


**1960**
*A nova poesia brasileira* (Escritório de Propaganda e Expansão Comercial do Brasil, Lisboa).

**1962**
*Alberto da Costa e Silva carda, fia, doba e tece* (Manuel Pacheco, Lisboa).

**1962**
*Poesia concreta* (Escritório de Propaganda e Expansão Comercial do Brasil, Lisboa).

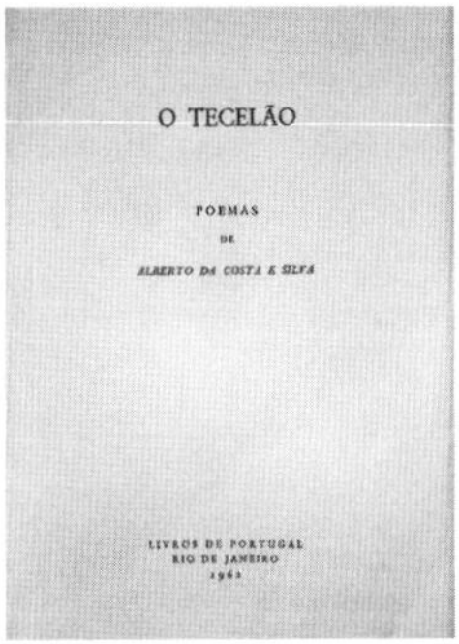


**1962**
*O tecelão* (Livros Portugueses, Rio de Janeiro).

# Obras publicadas

**1966**
*Livro de linhagem*
(Manuel Pacheco, Lisboa).

**1978**
*As linhas da mão* (DIFEL/ Instituto Nacional do Livro, Rio de Janeiro).

**1981**
*A roupa no estendal, o muro, os pombos* (Manuel Pacheco, Lisboa).

**1986**
*Le linee della mano* (Editora All'Insegna Del Pesce D'Oro, Milão).

**1986**
*Poemas de Da Costa e Silva e Alberto da Costa e Silva.* (Tierra Brasileña, Lima).

**1989**
*O vício da África e outros vícios* (João Sá da Costa, Lisboa).

**1992**
*A enxada e a lança: a África antes dos portugueses* (Nova Fronteira, Rio de Janeiro/Edusp, São Paulo).

**1992**
*Guimarães Rosa, poeta* (Centro Colombo Americano, Bogotá).

**1993**
*Consoada* (Editora Imperial, Bogotá).

**1994**
*O espelho do príncipe* (Nova Fronteira, Rio de Janeiro).

**1996**
*As relações entre o Brasil e a África negra, de 1822 à 1ª* Guerra Mundial (Cadernos do Museu Nacional da Escravatura, Luanda).

**1997**
*Ao lado de Vera* (Nova Fronteira, Rio de Janeiro).

# Obras publicadas

**1997**
*A literatura piauiense em curso: Da Costa e Silva*
Organização e prefácio de Alberto da Costa e Silva.
(Corisco, Teresina).

**1998**
*Mestre Dezinho de Valença do Piauí* (Fundação Cultural Monsenhor Chaves, Teresina).

**1998**
*Poemas de amor de Luís Vaz de Camões*. (Org.)
(Ediouro, Rio de Janeiro).

**1999**
*Antologia da poesia portuguesa contemporânea: um panorama*. (Org.)
(Editora Lacerda, Rio de Janeiro).

**2000**
*Poemas reunidos* (Nova Fronteira, Rio de Janeiro).

**2002**
*O pardal na janela*
(Academia Brasileira de Letras, Rio de Janeiro).

**2002**
*A manilha e o libambo: a África e a escravidão, de 1500 a 1700* (Nova Fronteira/ Fundação Biblioteca Nacional, Rio de Janeiro).

**2002**
*O Itamaraty na cultura brasileira* (Editora Instituto Rio Branco/Embratel, Brasília).

**2003**
*Um rio chamado Atlântico: a África no Brasil e o Brasil na África* (Nova Fronteira/UFRJ, Rio de Janeiro).

**2004**
*Francisco Félix de Souza, mercador de escravos* (Nova Fronteira/Eduerj, Rio de Janeiro).

**2005**
*Das mãos do oleiro: aproximações* (Nova Fronteira, Rio de Janeiro).

**2006**
*Castro Alves: um poeta sempre jovem* (Companhia das Letras, São Paulo).

# Obras publicadas

**2006**
*Um passeio pela África* (Nova Fronteira, Rio de Janeiro; Centro de Estudos Afro-Orientais, Salvador).

**2007**
*Augusto Meyer: ensaios escolhidos* (José Olympio, Rio de Janeiro).

**2007**
*Alberto da Costa e Silva: melhores poemas* (Global, São Paulo).

**2007**
*Invenção do desenho* (Nova Fronteira, Rio de Janeiro).

**2008**
*A África explicada aos meus filhos* (Agir, Rio de Janeiro).

**2008**
*O pai do menino* (Giordanus, São Paulo).

**2009**
*O quadrado amarelo* (Imprensa Oficial do Estado de São Paulo, São Paulo).

**2010**
*Essencial: Jorge Amado* (Org.) (Penguin/Companhia das Letras, São Paulo).

**2011**
*Crise colonial e independência (1808-1830)* da coleção História do Brasil Nação (Objetiva, Rio de Janeiro/Mapfre, Madri).

**2011**
*Para uma história da belle époque: a coleção de cardápios de Olavo Bilac* (Imprensa Oficial do Estado de São Paulo, São Paulo/ Academia Brasileira de Letras, Rio de Janeiro)

**2012**
*Imagens da África: da antiguidade ao século XIX* (Penguin/Companhia das Letras, São Paulo).

**2014**
Ex-libris (Academia Brasileira de Letras, Rio de Janeiro/ Imprensa Oficial do Estado de São Paulo, São Paulo).

EVALDO CABRAL DE MELLO

HISTORIA NATVRALIS
BRASILIAE,
Auspicio et Beneficio
ILLVSTRISS. I. MAVRITII COM. NASSAV
ILLIVS PROVINCIÆ ET MARIS SVMMI PRÆFECTI ADORNATA.
In qua
Non tantum Plantæ et Animalia, sed et Indigenarum morbi, ingenia et mores describuntur et
Iconibus supra quingentas illustrantur.
LVGDVN. BATAVORVM
Franciscum Hack

**"Historia Natvralis Brasiliae"**
Georg Marcgraf e Willem Piso
*Capa da Primeira Edição de* Brazilian Natural History, *publicado em 1648.*

# EVALDO CABRAL DE MELLO E SUA HISTÓRIA COM OUTRAS PORTAS E JANELAS



## *Introdução ou como calçar os sapatos do morto*

Certa vez, numa entrevista que concedeu por ocasião da publicação de um livro organizado em sua homenagem, Evaldo Cabral de Mello saiu-se com uma frase que sintetiza a sua compreensão sobre o "fazer histórico". Disse ele que "é preciso calçar os sapatos do morto".[1] De fato, Evaldo, como gosta de ser chamado, além de diplomata de carreira, é historiador de mão-cheia, dono de uma vasta obra que escapa aos modismos ou a modelos teóricos estreitos. Costuma se definir como "um profissional à moda antiga", que realiza uma história narrativa, pautada em fatos e acontecimentos. Além do mais, "calça" seus livros e textos com muitos documentos originais, de tal maneira que faz com que seus leitores sejam levados até o passado e tenham a impressão de estarem vivenciando contextos muito afastados no tempo.

Talvez por esse mesmo motivo, Evaldo costume afirmar "que não há como escrever sobre um assunto sem conhecer ou ter vivido no lugar".[2] E em nome dessa coerência, ele selecionou seu estado natal, Pernam-

1 Lilia Moritz Schwarcz (org.), *Leituras críticas sobre Evaldo Cabral de Mello,* Belo Horizonte: Editora UFMG, Fundação Perseu Abramo, 2008, p. 195.
2 Ibidem.

buco, e de lá mirou uma "outra história". Denunciando sempre o que chama de "centralismo" do Rio de Janeiro na narrativa nacional brasileira, fez de sua obra uma reflexão sobre experiências distintas e paralelas daquelas narradas pela e na capital do país. O calendário seria outro; as elites, diferentes; e as circunstâncias, variadas. Até mesmo os regimes políticos implementados e sobretudo imaginados seriam diferentes: a monarquia para a região Sudeste, a república para o Nordeste, sobretudo Pernambuco.

> *"Nós estamos, sim, independentes, mas não constituídos. [...] Ficou o Brasil soberano, não só no todo, como em cada uma de suas províncias", analisou Frei Caneca, em 1824, equilibrando-se entre República e Revolução. "Uma província não tinha direito de obrigar outra província a coisa alguma, por menor que fosse; nem província alguma, por menor e mais fraca, carregava com o dever de obedecer a outra qualquer, por maior e mais potentada. Portanto, podia cada uma seguir a estrada que bem lhe parecesse, escolher a forma de governo que julgasse mais apropriada às suas circunstâncias, e constituir-se da maneira mais conducente à sua felicidade. Quando aqueles sujeitos do* sítio *do* Ipiranga*, no seu exaltado entusiasmo, aclamaram a S. M. I., e foram imitados pelos aferventados fluminenses, Bahia podia constituir-se* república*; Alagoas, Pernambuco, Paraíba, Rio Grande, Ceará e Piauí,* federação*; Sergipe d'El Rei,* reino*; Maranhão e Pará,* monarquia constitucional*; Rio Grande do Sul,* estado despótico".[3]

O certo é que a realidade do Nordeste açucareiro, sua história, formação, e muito particularmente de Pernambuco, não se comportariam como uma mera extensão do que se passava na região Sudeste.

Evaldo costuma contar que a atração inicial pela história veio de um livro de romancista: *Fogo morto* (1943), de José Lins do Rego. A leitura o impressionou tanto, que o levou, ainda menino, a escrever um conto, "Poço", publicado no jornal *Diário de Pernambuco*. Era um pastiche, decerto, mas ambientado em Poço do Aleixo, o nome do engenho de açúcar da família, que ele só conheceria anos depois, em 1953, quando visitou o lugar, já em ruínas, com os alicerces da casa-grande engolidos pelo ca-

3 "TYPHIS Pernambucano", nº XXI, 10 jun. 1824, apud Evaldo Cabral de Mello (org.), *Frei Joaquim do Amor Divino Caneca*, São Paulo: Editora 34, 2001, pp. 463-64 (grifos no original). Ver também: Frei Joaquim Caneca, *Obras política e literária*, Recife: Universidade Federal de Pernambuco, 1972, 2 volumes; Evaldo Cabral de Mello, "Revolução em família" in *Um imenso Portugal: história e historiografia*, São Paulo: Editora 34, 2002.

navial, em companhia do irmão, o poeta João Cabral de Melo Neto. Evaldo era o único entre os sete filhos que não conhecera a vida de engenho quando criança, e sentia que tinha perdido uma experiência excepcional. Já historiador renomado, ele vai escrever "O fim das casas-grandes" (em *História da vida privada no Brasil; Império: a corte e a modernidade nacional*, de 1997), desta vez com a preocupação de não idealizar os senhores de engenho, nem a aristocracia rural, nem a classe dominante: a família Acióli tem relações domésticas difíceis, o senhor de engenho está sempre de olho nas chuvas – se chover demais, vem malária – e a solidão da vida na casa-grande é pesada. Os historiadores dizem que a saudade não tem história, mas por vezes ela pode servir de gatilho para compor o enredo da narrativa de um deles.

Por essas e por outras é que não será difícil arriscar dizer que o escritor adotou uma postura decolonial, *avant la lettre*, uma vez que buscou escapar ao "esquema Saquarema", conforme gosta de provocar. Decolonial ganha nessa obra não apenas o sentido de questionar a colonização portuguesa, mas também mira um debate interno ao país, que condicionou formas de olhar e de interpretar a história brasileira. Foi por isso que Evaldo não tratou apenas da especificidade do domínio lusitano, como não deixou escapar o que chama de "centralismo da narrativa nacional", o qual, segundo ele, ainda está muito vinculado à uma história carioca e monárquica. Além do mais, e como gosta de afirmar, o historiador teria "escapado" da "voga dos *Annales* e do tempo estrutural", optando por uma história narrativa à moda inglesa. Para o historiador, história é mudança e contradição, e não tanto reiteração ou repetição.



O fato é que o conjunto coerente de sua obra aponta para a existência de um verdadeiro "sexteto do mundo colonial pernambucano", com o historiador partindo do período colonial, e da realidade canavieira, para chegar até o tempo da independência política de 1822.

Impressiona a maneira como Evaldo combina profunda erudição com conhecimento da tradição regionalista, o manejo seguro da metodologia e dos dados da história, sempre num estilo enxuto, preciso, como se cada palavra encontrasse seu próprio lugar e destino. Seu texto é límpido, sendo que a reiteração percebida no conjunto da obra desse verdadeiro pensador do Brasil mais se parece com um manifesto, daqueles que carregam uma questão, um local e uma retórica particulares, ao mesmo tempo que alcançam esferas muito mais amplas. Localizar o debate, nesse caso, e como veremos, não significa circunscrevê-lo.

O historiador declarou em certa ocasião, bem de acordo com seu estilo irônico, que não gosta de dar aulas e "tem horror à universidade".[4] No entanto, seu "treinamento" na Europa com historiadores profissionais, seus métodos rigorosos e o trabalho cuidadoso que empreende nos arquivos e com os documentos agradam a qualquer acadêmico. Sua tradição vem da assentada experiência e importância de diplomatas brasileiros, que fizeram da estadia no exterior uma oportunidade para explorar os arquivos no estrangeiro e de incluir em suas análises interpretações renovadas, porque pautadas em muita documentação, primária e original.

Pois é assim a obra de Evaldo Cabral de Mello: inovadora porque voltada para um "outro Brasil"; provocadora na medida em que o historiador não se conforma em seguir modelos consagrados; e singular no estilo muito próprio, direto e sintético. Não há vírgula fora do lugar.

Evaldo não é, contudo, bom analista de si próprio, uma vez que sempre recusa o lugar de intérprete nacional, que ele, com certeza, ocupa. Nessas horas, o historiador costuma desfazer de si. Diz ser um historiador de província, regional, e pior: mais do que regional, um historiador que só trata da estreita faixa da mata norte – a região da costa entre Olinda e a foz do rio Goiana. Quanto a isso não há o que fazer. Mas, querendo ou não, ele virou do avesso a reflexão sobre o Brasil. A obra de Evaldo Cabral de Mello ilumina o país a partir da província.[5]



As consequências desse redirecionamento são evidentes. Não há, em seus livros, o propósito de realizar uma "explicação do Brasil"; tampouco eles pretendem investigar nosso passado remoto para investir numa busca por fundações, isto é, por uma retomada inventiva da origem e do significado da formação social brasileira – e Evaldo provavelmente ficará furioso se alguém disser isso. Mas sua obra está conectada aos grandes debates historiográficos sobre o país por conta da mudança do ponto de mirada: a nossa história é contada a partir de Pernambuco, e não do Rio de Janeiro. Como se não bastasse, expõe-se o ponto de vista da província, até então abafado pelo excessivo protagonismo que os historiadores emprestaram ao projeto de unidade nacional concebido pela corte carioca.

Afinal, a obra de Evaldo Cabral vai amarrar, em uma argumentação impecável, alguns fios da história do Brasil que não pareciam ter ligação uns com os outros: a vinda da Família Real portuguesa; o esbulho das províncias do Norte, em especial, Pernambuco, em virtude da pesada carga fiscal

4 Entrevista, *O Globo*, Prosa & Verso, 20 set 2003.

5 Ver, por exemplo: Evaldo Cabral de Mello, *O negócio do Brasil: Portugal, os Países Baixos e o Nordeste, 1641-1669*, São Paulo: Companhia das Letras, 2011.

imposta pela voracidade da corte instalada no Rio de Janeiro; os receios da imensa burocracia portuguesa que atravessou o Atlântico em 1808 e sentiu seus interesses ameaçados com a Revolução do Porto e o regresso de d. João VI a Lisboa. Não é por acaso que, entre os grandes explicadores do Brasil, o autor que mais interessa a Evaldo Cabral seja Raimundo Faoro. Tanto no livro *A outra independência* (2004), quanto no ensaio "A ferida de Narciso",[6] a análise de Evaldo se aproxima do argumento de Faoro em *Os donos do poder*, publicado pela primeira vez em 1958. A massa de burocratas reinóis estabelecidos no Rio de Janeiro, com seus empregos correndo o risco de extinção por decisão de Lisboa, vai se converter em ativa defensora da Independência, escreve Faoro. E será precisamente essa massa de funcionários públicos quem se responsabilizará, no Rio de Janeiro, por conduzir a separação política entre o Brasil e Portugal, confirma Evaldo.[7]

O autor também está habituado a declarar que "acaso não existe. Acaso só é acaso do ponto de vista da pessoa que está escrevendo a outra série. O acaso é uma perspectiva em que você se coloca para apreender o fluxo do conhecimento".[8] E ele tem razão: ao tempo da Independência, o desenlace poderia ter sido outro – o desmembramento da América portuguesa, a unidade sobre um regime confederado, a criação de um Império federal. É certo que a fundação do Império brasileiro foi responsável por privilegiar a instituição monárquica e instituir o modelo centralizador e unitário de Estado nacional, ele diz; e é certo também que foi uma elite política instalada no Rio de Janeiro quem assumiu a tarefa de organizar o governo e pensar o Estado, garantindo assim a unidade entre o sul e o norte do Brasil. Mas a grande questão é outra: essa nunca foi a nossa única possibilidade de nação, afirma Evaldo.



Naturalmente não saberemos jamais se qualquer dessas alternativas teria seria melhor ou pior; mas as possibilidades estavam postas e, caso uma delas se realizasse, não haveria Brasil como o conhecemos, com um Estado nacional centralizado. "Em história", ele explica, "você não pode acreditar que as coisas que ocorreram tinham necessariamente que acontecer assim. Você sempre tem de deixar aberta a possibilidade de que as

**6** Evaldo Cabral de Mello, *A ferida de Narciso: ensaio de história regional*, São Paulo: Senac, 2001.

**7** Evaldo Cabral de Mello, *A outra independência: o federalismo pernambucano de 1817 a 1824*, São Paulo: Editora 34, 2004; Raymundo Faoro, *Os donos do poder*, São Paulo: Globo, 1991; Rafael Cariello, "O Casmurro", *Piauí*, ano 9, n°104, mai. 2015.

**8** Lilia Moritz Schwarcz, *Leituras críticas sobre Evaldo Cabral de Mello*, Belo Horizonte/ São Paulo: Editora UFMG/ Fundação Perseu Abramo, 2008. Ver entrevista a partir da pp. 151, realizada por Lilia Moritz Schwarcz e Heloisa Murgel Starling.

coisas pudessem ser diferentes do que foram." E arremata o raciocínio com um meio sorriso e o verso de seu conterrâneo, Manuel Bandeira: a história, como a vida, é também aquilo "que poderia ter sido e que não foi".[9]

O verso de Bandeira provavelmente traz a chave para o leitor entender a originalidade da historiografia praticada por Evaldo – bem realizada nas regras do método e bem construída nos marcos da arte, como sublinhou Pedro Puntoni.[10] Evaldo escreve seus livros para tentar recapturar um momento específico do passado: o acontecimento já teve início, mas a conjuntura é imprecisa, o evento histórico não se definiu e tudo ainda pode ocorrer – e até pode ocorrer nada, como ele diz. Conseguir capturar as formas potenciais de um evento em um determinado momento histórico talvez seja aquilo que mais caracteristicamente traduz a capacidade do historiador em revelar o que se passa no mundo das esperanças e das promessas contidas no passado. Nesse sentido, sua obra transformaria o Sudeste em acaso, e, quiçá Pernambuco em certeza. Pelo sim ou pelo não, melhor é seguir a trilha desse historiador que não costuma deixar teoria em pé ou certeza descansar.



## *Um sexteto pernambucano*[11]

Sem avisar ninguém ou deixar plano expresso, Evaldo foi publicando, a partir de 1975, uma série de livros que aos poucos ganharam a forma de um projeto único e bem urdido. A intenção foi também ficando clara: escrever uma historiografia pernambucana, livre dos exageros do Sudeste, mas também do provincialismo regional. Além do mais, ela chegava muito embasada em farta documentação, que o historiador foi acumulando durante sua vasta e bem-sucedida carreira diplomática no exterior. O foco estava em retratar como a "nobreza da terra" – ele costuma dizer – encarou para si o tema da restauração como empresa histórica, no mesmo contexto em que se tornava mais forte o conflito entre mazombos e mascates, e fortaleciam-se as elites agrárias que se arrogavam, crescentemente, o direito de dominar a capitania.[12]

9 Manuel Bandeira, "Pneumotórax", *Libertinagem*, apud Rafael Carielo, "O Casmurro", op. cit., p. 49.

10 Pedro Puntoni, "A história em sua casa: causalidade histórica e narrativizada na obra de Evaldo Cabral de Mello", apud Lilia M. Schwarcz (org.), *Leituras críticas sobre Evaldo Cabral de Mello*, op. cit., p. 87.

11 Esse termo foi utilizado por Stuart Schwartz, op. cit.

12 Entrevista, *Novos Estudos CEBRAP*, nº 37, 1993, pp. 103-120.

Eis a história que Evaldo narra, pois ele acredita que é esse o objeto da história: narrar. A "saga" que o historiador pernambucano conta se concentra nessa luta política das classes proprietárias provincianas da Zona da Mata pernambucana, bem como nos temas que envolvem federação, autonomia e república como alternativas políticas aos discursos tradicionais que pregavam pela ideia de um Império e sua necessária unidade.

Essa é também uma luta do açúcar, digamos assim, com a economia açucareira e os altos preços que o produto logrou conquistar no mercado internacional do século XVII, transformando Pernambuco na província brasileira mais próspera. Daí viriam também seus "pendores" para a autonomia política e também para a República, que foi sempre um tema recorrentemente esboçado e apresentado na história daquele local.

Em termos cronológicos, *Olinda restaurada* (1975) é o primeiro livro do sexteto de Evaldo Cabral de Mello. Já nele o historiador evita um procedimento padrão: não introduz uma só narrativa contínua da invasão holandesa e a subsequente guerra contra os "estrangeiros", a assim chamada "Guerra da liberdade divina"; mas organiza a obra a partir de alguns ensaios conectados pelo tema da guerra contra os holandeses e do açúcar.

A ideia central que orienta o livro é que existiriam duas guerras se movendo no Nordeste. A primeira se referiria à uma espécie de luta de guerrilhas, a assim conhecida "Guerra de Resistência", que correspondeu a primeira tentativa de expulsar os holandeses, mas acabou fracassada. A segunda, a Guerra de Restauração – que durou de 1645 a 1654 –, resultou na vitória dos "nativos", que expulsaram os "invasores". Mas se essas foram guerras distintas, ambas estavam conectadas pelo açúcar: foram os senhores de engenho e os lavradores que mobilizaram recursos para os conflitos, ambos travados em regiões canavieiras.



E se o resultado foi a vitória dos "brasileiros", as taxações impostas por Portugal impediram que a região fosse, de fato, ao menos economicamente, restaurada. A metrópole portuguesa teve sua rica colônia de volta e pôde, ela sim, "recuperar" suas finanças. Já a região Nordeste, com a desvalorização do açúcar e a concorrência de outras colônias, jamais voltou a ter a importância e preponderância que até então mantinha no cenário interno e internacional.

Dessa forma, se o objetivo de *Olinda restaurada* é tratar da Guerra Brasílica – mais um nome para a mesma guerra contra os holandeses, o que denota o investimento humano e simbólico em torno do evento – o que de fato atrai Evaldo parece ser o ritual e a logística da guerra. Quem era recrutado e como se recrutava, quais os custos, quem financiava e sustentava os combatentes nos campos de batalha. O historiador também explora a autossuficiência e os investimentos dos grupos locais, bem como a decepção destes com a coroa, que foi considerada mesquinha e até mesmo ingrata frente aos esforços das forças coloniais.

Mas Evaldo não pararia por aí. Isto é, guerrear e vencer os holandeses nas plantações do Nordeste significava deslindar apenas uma parte pequena dessa história, muito mais complexa. O historiador diplomata explora, então, não apenas o contexto colonial, como introduz uma perspectiva mais ampla e inovadora, porque imperial, ou, nos termos de hoje (mas já usados pelo escritor), *atlântica*.

É assim que em *O negócio do Brasil* (1998), Evaldo Cabral de Mello retoma a Guerra de Restauração do domínio português, agora no contexto da história diplomática portuguesa contra a Espanha, nação que dominou a metrópole lusitana durante setenta longos anos, de 1570 a 1640. Assim, o historiador amplia seu espectro de análise e mostra como a libertação do jugo holandês foi também resultado de um ambiente internacional fortuito, que incluiu a Guerra Brasílica, mas também a retomada de Luanda por Salvador Correia de Sá, em 1648. Na análise, também teve suma importância o contexto europeu de uma forma geral e, mais especificamente, o fim da Guerra dos Trinta Anos, travada de 1612 a 1684 e envolvendo várias nações europeias. E foram os lucros auferidos por seu comércio colonial, além de produtos lusitanos como o vinho e o sal, que permitiram a Portugal sobreviver durante esse período conturbado, quando outros países, como a Catalunha e a Escócia, foram incorporados ou absorvidos justamente por não contarem com esse tipo de renda.



*O negócio do Brasil* avalia, portanto, a importância que teve a guerra no Nordeste brasileiro – e os lucros conquistados com o comércio da cana – na própria restauração de Portugal. Como sempre ocorre em seus livros, o historiador desfaz o véu de "naturalidade" que acabou encobrindo o episódio da expulsão dos holandeses. De olho na conjuntura internacional, ele mostra como essa estava longe de ser a única possibilidade naquele contexto. Tanto que foram ensaiados projetos de domínio partilhado luso-holandês, assim como Portugal chegou a considerar ceder Pernambuco à Holanda.

Não se trata de desfazer das campanhas militares no Nordeste, mas, antes, de mostrar como havia um jogo de diplomacia envolvendo as diferentes nações interessadas nesses "negócios". Com essa tese, Evaldo também acaba por redimensionar o ufanismo de uma historiografia pernambucana, anterior a seus trabalhos, que tendeu a inflacionar o sacrifício e a coragem dos mazombos, que teriam lutado, apenas e tão somente, para garantir a integridade do Império português e de seus domínios na América.

O historiador critica, pois, certa "mitologia local", que tende a ver na restauração pernambucana um ato exclusivo de bravura, único elemento a explicar o sucesso da empreitada. Olhar de perto, mas também de longe, é a estratégia acertada de Evaldo, que lhe permite se opor, nos dois livros até aqui citados, à cultura do nativismo pernambucano e à construção de uma identidade local, centrada nos exemplos "pessoais" de bravura. "Algoz" do conceito de identidade, o historiador mostra os andaimes do processo social de construção social desse conceito em Pernambuco, tomando a guerra e a diplomacia, dentro de uma lógica europeia, com seus contexto e tabuleiro devidamente expandidos.

Evaldo pavimentava, dessa maneira, o caminho para seu terceiro livro, *Rubro veio: o imaginário da restauração pernambucana* (1986), no qual explora um tema que já lhe era muito caro: o imaginário das elites pernambucanas. Este é, quem sabe, seu livro mais ambicioso, uma vez que o historiador abandona os campos de batalha, mais propriamente ditos, para explorar outros: os laços entre história e historiografia local, bem como a narrativa ufanista construída na mesma época em torno da Guerra Brasílica.



Tal projeto nativista foi tão bem urdido, que deixou rastros até o tempo presente, com a permanência e expulsão dos holandeses ainda fazendo parte do ideário pernambucano e significando uma espécie de *plus* retórico, inscrito na maneira como os habitantes desse estado pensam e representam sua história. O "tempo dos flamengos" passou a ser, sobretudo a partir do século XIX, a forma dileta como os locais definem a sua identidade. Tanto que a ocupação holandesa e sua expulsão ficariam inscritas nos edifícios, nas ruas, nos monumentos, nas pontes da cidade de Recife e de seu estado, ocupando espaço privilegiado na imaginação da comunidade local. Crônicas, iconografia, cerimônias comemorativas assumirão um papel destacado nessa "mitologia nativista", devidamente apropriada pela elite local, que pretendeu "lucrar", e alto, com o episódio.

Numa sociedade escravocrata dominada pela linguagem hierárquica das cores, Evaldo mostra como a nobreza local manipulou com maestria tal retórica e se apresentou por sua contraposição: como a única que garantia e trazia consigo a "pureza racial", merecendo, assim, controlar as benesses locais.

Foi com esses recursos que se inventou uma "identidade de origem", explica Evaldo, que nada tinha a ver com o povo. Perspicaz, a historiografia local selecionou a rivalidade existente entre mazombos e reinóis – entre brasileiros nativos, ou que se identificavam como tal, e os "estrangeiros", nascidos em Portugal. No limite, também contrapôs Olinda a Recife, ou seja, a elite açucareira aos mascates.

Mais uma vez, mostrando sua verdadeira ojeriza ao conceito de identidade, o historiador recupera o processo histórico que levou à construção e à consolidação dessas polaridades rígidas – os originais da terra e os de fora –, mas também aquela que diferenciava a "aristocracia da terra" dos indígenas, africanos e demais pessoas que viviam nas cercanias e dependências dos grandes latifúndios. Essa polaridade fez com que um primeiro exercício genealógico, e depois historiográfico, "conferisse" aos nobres locais uma primazia de chegada ao local (como se fossem os primeiros povoadores), numa clara operação de fraude e de abuso de narrativas. A elite local também buscou uma imagem que se distanciava da antiga noção de "permissividade sexual", muito associada às primeiras gerações de colonos, além de enrijecerem-se distinções pretensamente envoltas em critérios como cor e raça. Foram acionadas, igualmente, divisões provenientes já do contexto europeu, e em particular do ambiente da colônia lisboeta, que procuraram cristalizar marcadores sociais de religião, distinguindo "cristãos novos" dos "velhos".



Tais critérios, que nada tinham de "naturais", passaram a ser mobilizados na distribuição de títulos, honrarias e homenagens. Se não existiam por aqui os mesmos títulos europeus, a cultura de status e de demonstração de riqueza e poder passou a cumprir o papel de nobreza, com os grandes proprietários açucareiros performando seu mando a partir de símbolos locais. A nobreza poderia ser dada por títulos, mas também por estilos de vida, e desses as elites locais fizeram farto e bom uso. Tratava-se de uma pretensão de nobreza, que funcionava muito bem nessa terra onde, com a distância da metrópole, os senhores convertiam-se em donos dos domínios, concentrando poderes privados e públicos.

Evaldo une assim, com grande erudição, genealogia, história e historiografia, sem descurar do "chão social", ou seja, do contexto pernambucano açucareiro. No século XIX, essa mitologia regional ganha ainda mais capilaridade, estando na base de uma série de movimentos anticoloniais, inclusive republicanos. Se a província do Nordeste não era a única a resistir ao domínio da capital carioca, foi na Capitania de Pernambuco que esse tipo de representação se tornou mais convincente, ao irmanar a história da expulsão dos holandeses a partir da proeminência do açúcar e das grandes propriedades latifundiárias.

Nessa mesma toada segue o quarto livro do "sexteto pernambucano", *O nome e o sangue*, de 1989. Nele, o historiador narra a longa história de um evento localizado, espécie de "mentira histórica", como bem define Junia Furtado,[13] mas que diz respeito a uma realidade mais abrangente; justamente uma fraude genealógica.

Mais uma vez o acento é local, e não imperial. A documentação é também muito original, assim como o desenvolvimento do argumento. A genealogia, que hoje é tomada como uma espécie de "velharia" das elites ou um esnobismo dessa "pretensão de nobreza", na época era uma prática essencial que distanciava, ou ao menos esforçava-se por distanciar, essa "nobreza" autointitulada do "povo". Por isso, a construção de genealogias, sobretudo aquelas espúrias, que inventavam passados e ancestrais, se transformou numa forma de conhecimento essencial para distinguir e "encontrar" passados mais antigos, origens religiosas não conspurcadas e ascendências mais puras; estratégias fundamentais para a manutenção e perpetuação no poder dessas elites.

A genealogia servia, pois, para garantir o êxito e evitar a atribuição de qualquer "falta ou deficiência" às elites locais. Aliás, era assim que se tornava possível chegar a resultados contra-intuitivos. Por exemplo, a nobreza de Recife era composta de cristãos novos e a de Olinda, de cristão velhos. Não obstante, tais genealogias costumavam dar "um jeito" de remediar "defeitos" de sangue, e assim garantir acesso à hierarquia e ao poder social, que já eram materiais, mas se queriam também simbólicos e nobiliárquicos. Ou melhor, se não os garantiam, ao menos os justificavam, e dessa forma tentavam "perpetuar" passados inscritos sob a ordem do presente.

*O nome e o sangue* escava as origens cristãs-novas de Felipe Paes Barreto, um representante da "nobreza da terra" que havia atuado como militar, mas depois se assentou como senhor de engenho. Por isso, seu passado o "condenava". Na Guerra dos Mascates, por exemplo, Paes Barreto teria atuado contra os senhores de terra, quando esses encetaram uma batalha contra mercadores de Recife. Sem dúvida, um mau começo e um péssimo passado.

É a partir desse pretexto específico que Evaldo Cabral de Mello ilumina toda a cena de Pernambuco, seguindo, ao longo da história da província, uma rede extensa e complexa de famílias que extrapola o caso de Paes Barreto, alcançando os Lins e os Albuquerque de Sá. O certo é que a genealo-





13 Junia Furtado, "O cristão e o converso", apud Lilia M. Schwarcz (org), op. cit., 2008.

gia, sobretudo aquela controlada por grandes famílias – como os Borges da Fonseca em Pernambuco, os Jaboatão na Bahia e os Paes Leme de São Paulo –, significava uma atividade da maior relevância, uma vez que ajudava a criar passados, justificando igualmente as expectativas dessas elites e também daquelas de Portugal, no sentido de se "criarem aristocracias da terra".

E essas não eram operações levianas ou de somenos importância. Por meio desses procedimentos, os grupos dominantes ganhavam acesso aos privilégios de fidalguia, como os morgados ou o pertencimento a ordens militares. No Brasil, o objetivo era também mostrar como as nobrezas de "origem" podiam ser igualadas às nobrezas de "feito", desde que fossem nuançadas, ou até mesmo esquecidas, as alianças locais, origens religiosas e até mesmo a consistente mistura racial existente na colônia.

No entanto, se a criação de genealogias tinha a capacidade de gerar novas aristocracias, nobilitando-as à condição de nobreza, também era capaz de destituir rivais políticos ou pessoais. Essa é também a lógica de outro livro de Evaldo, *A fronda dos mazombos: nobres contra mascates, Pernambuco, 1666-1715*, de 1995. Nele, o historiador mostra como se forma essa verdadeira mitologia em torno da expulsão dos holandeses e a partir da clivagem entre a classe mercantil e a aristocracia agrária, entre a venda e o engenho.



Conforme revela Evaldo, esse tipo de conflito era bastante comum em Pernambuco, e de alguma maneira latente tanto no Rio de Janeiro como na Bahia. Não foi comum, todavia, em outras colônias açucareiras das Américas e do Caribe. Já no caso de Pernambuco, foi tomando proporção, ainda no final do século XVII e começo do XVIII, um conflito que opunha uma "Olinda decadente" a uma "Recife mais dinâmica". Essa era, portanto, também uma guerra de status entre a "aristocracia da terra" e a ascendente "classe dos mercadores". Era ainda uma guerra religiosa, tendo, como vimos, as origens mamelucas dos senhores, em sua maioria cristãos-novos, opondo-se àquela dos comerciantes, em grande parte cristãos-velhos.

A Guerra dos Mascates (1710-1712) é analisada por Evaldo Cabral de Mello de uma maneira não apenas mais abrangente e amplificada, como também mais recuada no tempo, com o objetivo de mostrar o processo paralelo de declínio nos preços e na produção do açúcar, ocorrido logo após a expulsão dos holandeses. Esse foi, igualmente, um contexto em que a competição com as ilhas do Caribe e a taxação crescente por parte da metrópole lusitana acabaram por descapitalizar a produção açucareira nordestina, dando início a seu lento declínio. Inicia-se, então, um período de guerras e conflitos no Brasil, um contexto, conforme define Evaldo, de "paz que parecia guerra".

E, do evento, nosso historiador extrai seu "recado":

> *Na verdade, o interesse do historiador começa onde termina o do sociólogo ou do economista. Onde um e outro contentar-se-ão em enxergar a ilustração do conflito clássico entre o credor urbano e o devedor rural ou o mal-estar decorrente de uma fase prolongada de declínio do preço do açúcar e de aumento do custo de mão de obra escrava, o historiador procurará vislumbrar o enredo ou a intriga (no sentido inglês* plot*), produto da necessidade, da intencionalidade e do acaso a que se chamou, na época, alterações ou sublevações em Pernambuco.*[14]

Por isso, a Guerra dos Mascates, ao invés de ser estudada isoladamente, é entendida por nosso historiador como parte desse momento de crise da colônia portuguesa na América, que incluí a guerra contra os Palmares, a revolta de Beckman, as epidemias em Pernambuco, os ataques franceses no Rio de Janeiro, enfim, fatores que, em seu conjunto, desestabilizaram o comércio do Brasil.



Diferentemente dos demais historiadores regionais, que apostaram todas as suas fichas em "um crescente nacionalismo" espraiado pela região, ou até mesmo numa batalha semifeudal, Evaldo opta por realizar uma "descrição aprofundada dos diversos eventos", o que resultou num livro que descreve, à moda inglesa, todos os acontecimentos que antecederam ao conflito e que, de certa maneira, ajudam a entendê-lo.

Vale ressaltar que Evaldo sempre defendeu uma "história narrativa", aquela que faz uso farto de dados, fatos e eventos, devidamente comprovados e descritos. Por isso ajuíza que é apenas esse o seu papel. Já escrevemos, porém, como o historiador é "craque" em desfazer de si mesmo. Afinal, e como já ficou evidente, seus livros fazem parte de um projeto conjunto de grandes proporções e ambições, que carrega uma tese sobre a história pernambucana na mesma medida em que questiona outras narrativas bastante estabelecidas.

Esse tipo de metodologia da história, que privilegia a arte do bem narrar, está muito presente em seu último livro, que fecha o sexteto: *A outra independência: o federalismo pernambucano de 1817 a 1824*, de

**14** Evaldo Cabral de Mello, *A fronda dos mazombos: nobres contra mascates, Pernambuco, 1666-1715*. São Paulo: Companhia das Letras, 1995, pp. 14-15.

2004. Novamente, em vez de virar suas lentes apenas em direção ao Rio de Janeiro, de forma particular, e para o Sudeste, de maneira mais abrangente, Evaldo se volta para a região Nordeste a partir de uma perspectiva ampla, e a Pernambuco, com intenção ainda mais sistemática.

Dessa maneira, se o descobrimento do Brasil foi tema por demais explorado pelos historiadores brasileiros do século XIX, que viram no evento uma maneira de unificar uma visão do passado solidificada no presente, é a vinda da corte portuguesa em 1808 e a Independência nacional em 1822 que concentram o grosso das atenções mesmo contemporaneamente. Nessas interpretações, de cunho mais laudatório, a presença de d. João VI no Brasil serviria de marco suficiente para a realização "imediata" e "natural" de uma emancipação liderada por um projeto monárquico.

Segundo Evaldo Cabral, no entanto, tal construção imperial não teria passado de figura bem-acabada de retórica histórica, cujo objetivo seria o de se contrapor à penosa impressão criada na Europa com a súbita retirada da família real de Lisboa. Em seu lugar, e sobretudo no lugar da interpretação herdeira das obras de Oliveira Lima,[15] o evento é apresentado de frente para trás, já prenunciando seu alto alcance político e, no limite, a Independência. Da mesma maneira, o inseguro príncipe regente, d. João, é transformado num inimigo à altura de Napoleão, e Portugal, numa potência "a se retemperar no Novo Mundo", pronta "para regressar ao Velho na condição de potência de primeira ordem".[16]



E a história do estabelecimento da corte no Brasil seria contada de forma bastante ufanista, descrevendo-se o número de instituições criadas, as vantagens políticas da transferência da metrópole, os embelezamentos urbanísticos e os ganhos culturais; tudo como se a história tivesse sempre uma só feição e, sobretudo, uma única consequência. Assim começa Evaldo Cabral de Mello em *A outra independência*:

> *A fundação do Império é ainda hoje uma história contada exclusivamente do ponto de vista do Rio de Janeiro, à época, pelos publicistas que participaram do debate político da independência e depois pelos historiadores como Varnhagen, Oliveira Lima, Tobias Monteiro ou Otávio Tarquínio de Souza, que repisaram a versão original visando à maior glória ou da Monarquia ou da unidade nacional.*[17]

15 Oliveira Lima, *D. João VI no Brasil*. Rio de Janeiro: Topbooks, 1996.

16 Evaldo Cabral de Mello, "O império frustrado", *Folha de S.Paulo*, Caderno Mais, 15 abr. 2001.

17 Evaldo Cabral de Mello, *A outra independência: o federalismo pernambucano de 1817 a 1824*. São Paulo: Editora 34, 2001, p. 11.

Toda moeda tem duas faces, e um lado permaneceu à sombra. Ou seja, omitiram-se, segundo Evaldo Cabral de Mello, "detalhes fundamentais" dessa nossa história, pois, para sustentar a presença e o aparato da corte, das repartições e dos funcionários da administração, os habitantes da terra tiveram que pagar um bom preço, e em todas as partes da colônia sentiu-se o assalto que beneficiava poucos. E lá vieram abundantes impostos e taxas, como os direitos de saída cobrados nos portos, que antes eram encaminhados a Portugal.

A verdade é que, se existiram lucros políticos com a transladação da corte, o preço interno foi, na visão de Evaldo, muito alto. Os impostos subiam sem parar, ao mesmo tempo em que a máquina, já suficientemente grande, se agigantava. Na visão de nosso historiador, ao contrário do que vem afirmando uma certa historiografia bastante estabelecida, um arcabouço político-administrativo já existia na colônia, sendo que a transferência das secretarias do Estado para o Brasil apenas completou um processo. As instituições não passavam de "mudança de Almanaque", ironiza ele. A conclusão seria que a única beneficiária teria sido a sede da corte, "enquanto as capitanias se veriam adicionalmente taxadas de modo a financiar o embelezamento da capital para fazê-la aceitável aos cortesãos e funcionários públicos de extração reinol".[18]



A representação e construção de um grande império serviria sobretudo para afagar a vaidade ingênua de seus vassalos coloniais, mediante a construção de arcos de triunfo, das celebrações cívicas e de um vasto ritual que nublaria as divergências e especificidades existentes na colônia. Até mesmo a elevação do Brasil ao estatuto de Reino Unido, em 1816, segundo o historiador, pretendia "duplicar o aparato estatal que ficara em Lisboa".[19] Nada foi feito no sentido de adaptar a concepção às circunstâncias bem diversas que se imporiam naquele contexto.

Em vez de reformas políticas, as discussões morriam nos circuitos palacianos, ainda temerosos das repercussões da Revolução Francesa em terras tropicais. Por essas e outras é que Evaldo aponta para o extremo conservadorismo da política joanina no Brasil, "que reduzia a atuação do poder público a questões administrativas a serem resolvidas segundo as práticas do antigo Estado".[20]

Por sinal, longe da imagem que se veiculou, que legava ao grupo dirigente uma representação de competência, Evaldo Cabral de Mello mostra,

**18** Evaldo Cabral de Mello, "O império frustrado", op. cit.

**19** Ibidem.

**20** Ibidem.

apoiado na análise de Hipólito José da Costa, uma limitação constrangedora. Nenhum deles possuía grau acadêmico e seus projetos limitavam-se a expedir uma infinidade de leis, alvarás, decretos e avisos. O fato é que esse tipo de construção é antiga; antes que a historiografia do império "pusesse nas nuvens o reinado joanino", sua reabilitação histórica já começara, em meados do Oitocentos, pela pena dos publicistas do Rio de Janeiro, comprometidos como estavam com o modelo centralista adotado pela Independência. Os treze anos de permanência de d. João em sua colônia americana são entendidos tal qual "fórmula salvadora", que permitiria a continuidade: a fundação, com d. Pedro I, e o governo longevo de d. Pedro II. A vantagem da análise arguta de Evaldo é mostrar a idealização e enraizamento da "tradição Saquarema da historiografia da corte", que se limita a relatar, e de alguma maneira justificar, a construção de um Estado centralista.

Na opinião do historiador, portanto, seria preciso repensar esse modelo vitorioso, narrado exclusivamente do ponto de vista da corte do Rio de Janeiro de inícios do século XIX, tanto por parte dos publicistas que participaram do debate político à época da Independência quanto dos historiadores. E que pretendia celebrar, sobretudo, a glória da Monarquia ou até mesmo da, assim chamada, unidade nacional.



É contra esse tipo de postura finalista, na qual o destino do Brasil aparece como algo manifesto, que o autor tem se posicionado com frequência, mostrando a importância de tomar a história brasileira a partir de outros contextos explicativos, como a Bahia e sobretudo Pernambuco. A opção levou Evaldo Cabral não só a recuperar a especificidade da ocupação holandesa, enquanto um elemento que diferenciou a história do Nordeste brasileiro do restante do país, como também a analisar a relevância de uma narrativa cujo foco se localiza em uma área extensa: da Zona da Mata de Pernambuco ao entreposto do Recife, com prolongamentos em direção à Zona da Mata da Paraíba até o Rio Grande do Norte e o Ceará.

A crítica central é que, desde o século XIX, aceitou-se muito facilmente as bases da ideologia Saquarema, criada durante o Segundo Reinado e vigente durante longo tempo, que tendeu a depositar no período joanino os alicerces da ordem monárquica – consolidados pelo filho e depois pelo neto. Para Evaldo Cabral, ao contrário, a história do Brasil não teria se construído de forma tão direta, encadeada e evolutiva. Tampouco sem rupturas e tensões no interior do território brasileiro. Tal postura, que toma a corte como índice e solução, acabaria por deixar de lado o fato de que a Independência e a criação de um Estado unitário teriam sido realizadas de forma desfavorável a outras regiões do país – em especial o Nordeste brasileiro, que saíra muito prejudicado por esse tipo de arranjo político, cego a outras realidades nacionais.

E se tal temática se encontra espalhada pela obra do historiador, em *A outra independência* ela é retomada de maneira mais direta: a unidade nacional, aqui, não é vista como um problema teleológico ou um caso exemplar de predestinação. Como afirma o autor, "se a Revolução Portuguesa de 1820 fazia previsível a mudança do *status quo* colonial, não estava escrito nas estrelas que ela desembocaria no Império do Brasil."[21]

Outra consequência desse "rio-centrismo" teria consistido em limitar a análise do processo de Independência ao período de 1820-22. Segundo Evaldo Cabral, os momentos subsequentes – 1823, com a dissolução da Constituinte, e 1824, com a Confederação do Equador – representariam episódios cruciais para a delimitação da distribuição do poder. Trocando em miúdos, o problema da emancipação não estaria restrito a uma questão exclusiva entre poderes executivo e legislativo localizados na corte; teria se afirmado como um conflito entre o centralismo carioca e o autogoverno provincial.



Se o historiador duvida desse desejo de autonomia pelo Brasil afora, insiste na colocação estratégica da Bahia e de Pernambuco, que dispunham de condições para articular formas de reação, principalmente em função de suas posições outrora privilegiadas na economia de exportação nacional. No entanto, enquanto a Bahia ficaria privada de tal protagonismo por causa da ocupação portuguesa, que reforçou a corrente imperial entre o comércio de Salvador e a grande propriedade do Recôncavo, já Pernambuco cumpriria papel distinto, de forma a transformar o federalismo numa sensibilidade política eminentemente local.

Mais interessante ainda é a maneira como o próprio federalismo começa a fazer parte da lógica política regional. Até mesmo José Bonifácio teria reconhecido que o federalismo pernambucano primava sobre o republicanismo, assim como o federalismo manifestado em Pernambuco, em 1817 e 1824, consolidaria a pecha de separatista da província ao longo do Primeiro e do Segundo Reinados.

O paradoxo é que, a despeito de tantas comprovações, a historiografia do período reivindicou exclusivamente para os Saquaremas o papel de construtores da nacionalidade. Estranha caracterização, que mais se parece com uma sina, sobretudo diante da opinião generalizada dos

21 Evaldo Cabral de Mello, *A outra independência*, op. cit., p. 23.

viajantes que não se cansaram de destacar a descentralização vigente no país. Foi por isso que o Sete de Setembro se converteu em um final anunciado, desqualificando qualquer posição política que pretendesse dar ao país outro rumo ou vocação.

Assim, diferentemente da agenda consagrada por uma sucessão linear de fatos e eventos, Evaldo Cabral data a emancipação a partir de acontecimentos localizados, mas não menos reveladores dessa "outra independência": a Revolução Pernambucana (1817), o Movimento de Goiana (1821), a junta de Gervásio Pires Ferreira (1821-22), a junta dos Matutos (1822-1823) e a Confederação do Equador (1824).

Como o historiador gosta de afirmar, a história não precisava ser exatamente como foi. Afinal, a instalação do aparelho de Estado português no Rio, sinal da intenção de fundar um grande Império luso-brasileiro que recuperasse a posição de Portugal no sistema de equilíbrio europeu, acabou gerando uma inflexão imprevista à emancipação da América portuguesa. Até esse momento, diante das guerras napoleônicas e de seu impacto ainda imprevisível sobre o trono dos Bragança, as províncias brasileiras do Norte tinham à escolha uma independência centralizada e associada ao Sul e uma independência federativa, muito provavelmente sob a forma regional.



Foi a primeira opção que prevaleceu, assim como a história do "se" não é, por óbvio, um objeto seguro de reflexão. De todo modo, e enquanto isso, conforme reclamava Frei Caneca, a província de Pernambuco continuou a ser mantida a reboque da política central. Além do mais, com os fatos consumados no Rio:

> *[...] os pernambucanos sem o esperar viram Sua Alteza Real ficar no Brasil contra o decreto das Cortes lusitanas e aparecer o de Sua Alteza Real de 16 de fevereiro de 1822, convocando o Conselho de Procuradores gerais da Província [...]. Nos interstícios destes diversos sucessos, nenhumas embarcações apareciam que noticiassem os anéis dessa cadeia, e quando se recebiam participações particulares, por via de regra foram tais, que se não podia fazer ideia clara das pretensões e da marcha rápida que levava aquela Corte em tão novas mudanças.*[22]

A independência não passava, portanto, de um teatro *na* e *da* corte.

22 Ibidem, p. 202.

*"As coisas só são previsíveis quando já aconteceram".*

Evaldo Cabral de Mello costuma premiar seus leitores com frases tão sintéticas como inesperadas. Esta é emprestada de Machado de Assis e adaptada por ele, que partiu de "as coisas só são previsíveis quando passaram"; anúncio de uma perspectiva crítica diante de certa historiografia brasileira que toma o fim (da História) pelo começo.

Isto é, o objetivo deste autor, e que o acompanha desde sua primeira obra, é criar uma historiografia menos teleológica e não centrada exclusivamente em uma interpretação que apenas reflete as vicissitudes da região Sudeste. Evaldo Cabral também se opõe a interpretações que fazem da história um destino marcado e que evitam de forma propositada cisões, rupturas e outras possibilidades que não somente aquelas triunfantes em nossa seara política. Por isso, a receita desse historiador sempre foi evitar interpretações grandiosas, bem como se opor a modelos únicos e exemplares. Em vez do destaque exclusivo à Monarquia como sina brasileira, aparece forte o federalismo (ou ao menos modelos de federalismo); no lugar do projeto unitário, surgem visões paralelas de organização do Estado.

O fato é que em Pernambuco a construção de um projeto alternativo de nação é antiga. Evaldo vai argumentar que as raízes desse projeto estão fincadas no imaginário político construído na luta contra os holandeses e longamente cultivado a partir da Sedição de Olinda, em 1710: por força da vitória sobre os holandeses, em 1654, em uma guerra travada às próprias custas, o direito de propriedade sobre a terra pertencia aos colonos – e o retorno ao domínio português havia sido pactuado com a Coroa, sob condições que ela jamais cumpriu desde então.[23] De várias maneiras, esse imaginário entrou pelo século XIX afora – a Revolução de 1817 e o ciclo revolucionário da Independência foram só um recomeço. A partir de 1817, a província contestou o projeto de Império brasileiro encabeçado pela corte instalada no Rio de Janeiro, com uma longa sequência de eventos políticos de natureza mais ou menos local: o movimento de Goiana, em 1821, a junta de Gervásio Pires Ferreira, entre 1821 e 1822, a junta dos Matutos, entre 1822 e 1823. Como se tudo isso não bastasse, em 1824, Pernambuco conjurou nova revolução: a Confederação do Equador afirmou a autonomia da província, reimplantou a República, e convidou os vizinhos do Norte a aderirem – Piauí, Ceará, Rio Grande do Norte, Alagoas, Sergipe, Paraíba.[24]



23 Evaldo Cabral de Mello, *Rubro veio: o imaginário da restauração pernambucana*, Rio de Janeiro: Topbooks, [1986] 1997.

24 Evaldo Cabral de Mello, *A outra independência*, op. cit.

Como se pode notar, Evaldo tem alma de provocador, daqueles que não temem ir contra a corrente. Por isso, ele nos ensina a olhar a história pelo outro lado, privilegiando novos agentes e realidades que podem melhor representar essa nação multifacetada chamada Brasil. Sua narrativa sintética e arguta nos força a fazer uma história a contrapelo, daquelas que não escondem o conflito interno, mas o transforma em argumento. Na verdade, para Evaldo, o historiador precisa ser capaz de afinar a escrita da narrativa, um gênero da História que garante a chance de ver no passado algo mais do que, em geral, qualquer um de nós consegue enxergar concretamente.

Mas a narrativa – a principal marca da escrita de Evaldo Cabral – é bem mais do uma forma de reconstruir os eventos do passado e explicá-los aos leitores do presente sem incorrer em anacronismo. Também se empenha em tornar a leitura agradável. Aliás, narrar é uma das maneiras mais difíceis de fazer História – é a tentativa de capturar o sentimento do tempo vivido pelos homens por meio da ferramenta da linguagem. O gênero funciona como uma espécie de dobradura temporal que retém do passado algo de perturbador: a repetição do que, propriamente falando, nunca aconteceu, o retorno das possibilidades perdidas. E é precisamente por conta da capacidade de retenção dessa instância perturbadora do passado que ao gênero narrativo também se permite agregar três outros procedimentos: a imaginação – da qual o historiador faz uso e mantém sob o controle das regras de método de seu ofício; o escrutínio de outras fontes; e a busca de seus princípios explicativos. E é isso que faz da narrativa, também, uma reflexão sobre o que nos separa do passado. Trata-se de um procedimento adequado, portanto, ao campo que Ginzburg designou como "um gênero literário chamado historiografia".[25]



Por meio da narrativa, Evaldo Cabral criou um método de escrita. Seus livros partem da ideia de que são as pessoas que vivem, sofrem e, em última instancia, fazem a História. Ele reconstrói assim momentos concretos, põe os personagens em cena, recria as situações em que estiveram metidos – a intriga e o enredo –, no tempo que lhes foi dado viver, e retoma as intervenções que protagonizaram no mundo público com os recursos de que dispunham. E vai além: Evaldo aborda a ação humana no que ela contém de peripécia, expõe de maneira ordenada o que a História tem de

**25** Carlo Ginzburg, *Olhos de madeira: nove reflexões sobre a distância*, São Paulo: Companhia das Letras, 2001, p.84.

desordenada e de desencontro e leva em conta a incerteza quanto ao que poderia ou não ter acontecido aos personagens.

A escrita da História, e mais especificamente a defesa da narrativa, é tema caro a Evaldo Cabral. "Que historiador é esse que não sabe narrar?",[26] perguntou-se ele diante da primeira versão de *Olinda restaurada*, preocupação que, aliás, pôs em prática na segunda edição, de modo a adaptar uma história analítica ao estilo narrativo. A narrativa proporciona a técnica para realizar a integração dos saberes históricos. Afinal de contas, diz Evaldo, "o objeto da História não é um objeto real como o das Ciências Naturais ou como o das Ciências Humanas. Ela carrega um objeto ausente que se apresenta sob a forma de vestígios de um objeto outrora real."[27] A investigação histórica, ele explica, inicia-se precisamente quando o estudioso "se detém num objeto concreto, não porque o considere belo, sagrado ou útil, mas simplesmente porque é um testemunho da existência humana."[28]

"A Casa do Senhor tem muitos quartos", diz Evaldo com uma ponta de ironia; "há lugar para todos e para vários tipos de História, sem que uns necessitem excluir os outros".[29] É verdade. Mas isso não é tudo. Sua obra abriu caminho para uma historiografia mais recente, que procura identificar outros lugares de onde se pode observar a História do Brasil e mostrar o verso e o reverso do país a partir das províncias – e ela está sendo escrita na Bahia, em Minas Gerais, no Pará e até mesmo no Rio de Janeiro.



"Ainda vamos nos cansar de sermos brasileiros e nos resolveremos a trocar um quinhão de nossa sacrossanta originalidade por um pouco mais de seriedade nacional".[30] Nesses tempos tão cheios de polarização e de identidades fáceis, a obra de Evaldo de Cabral de Mello serve de antídoto, e de longa duração.

**26** Evaldo Cabral de Mello, "Comentários", apud Lilia M. Schwarcz (org.), Leituras..., op. cit., p. 195.

**27** Evaldo Cabral de Mello, "Discurso de posse na Academia Brasileira de Letras", Rio de Janeiro, ABL, 27 mar. 2015.

**28** Ibidem.

**29** Lilia M. Schwarcz e Heloisa Starling, "O acaso não existe; entrevista de Evaldo Cabral de Mello", in: Lilia M. Schwarcz (org.). *Leituras críticas sobre Evaldo Cabral de Mello*. op. cit. p. 170.

**30** Evaldo Cabral de Mello, Entrevista para a *Revista de História da Biblioteca Nacional*.

# ENTREVISTA COM EVALDO



**O senhor diz que, em Pernambuco, até pouco tempo atrás, o sujeito já nascia envolvido com história oral, ouvindo os episódios da expulsão dos holandeses e da Revolução de 1817. Como é nascer pernambucano e somente depois se entender também como brasileiro?**

> *Não posso dizer que eu me entendia como pernambucano antes de me entender como brasileiro. Nasci e me criei nos anos do governo Vargas, quando havia uma propaganda muito grande de parte do Estado Novo, que foi precisamente o regime que mandou queimar as bandeiras estaduais. Eu descobri a história pernambucana como que por acaso. Por volta de 1948, eu tinha uns doze anos, residia com minha família em Olinda, no Bairro Novo, que fica junto ao mar. Alguém lá em casa me perguntou num dia de domingo: "Por que você não aproveita a tarde e vai ver a Olinda antiga?". Atrás de nossa casa havia uma ladeira que levava ao alto da Sé. Anos depois, como historiador, eu vim a descobrir que pela mesma ladeira haviam subido as tropas holandesas ao atacarem e ocuparem Olinda em 1630. Confesso que o percurso foi uma surpresa para mim: de repente, você desemboca no bairro antigo de Olinda, o alto da Sé, com a vista do mar desde o alto do seu terraço, o colégio dos Jesuítas, a igreja da Misericórdia. Todos aqueles monumentos cuja existência eu ignorara até então. Essa experiência*

*me impactou bastante. Quando faço um* flashback, *vejo que a primeira coisa que despertou meu interesse pela história de Pernambuco foi a visão do alto da Sé, que muito anos antes* **Joaquim Cardozo*** *cantara num dos seus poemas.*

**Neste mesmo ano, 1948, o senhor publicou o conto "O poço", no *Diário de Pernambuco*, que revelava uma aproximação com a obra de José Lins do Rego.**

> *Meu pai tinha na estante um romance de José Lins do Rego,* Fogo morto, *que eu li escondido, pois não era considerado leitura para criança. Quando meu pai descobriu minha esperteza, encarregou um dos meus irmãos mais velhos de lê-lo, porém riscando as palavras julgadas impróprias. Mas eu colocava o livro contra a luz e conseguia vencer a censura.*

**E qual foi o impacto dessas leituras?**

> *O passado regional; e quando digo passado regional não estou falando de Nordeste. Nada disso: estou falando da zona da mata pernambucana e dos seus prolongamentos na Paraíba e em Alagoas. Porque em princípio eu poderia ter-me tornado um historiador do Brasil, o que não ocorreu. A ficção de José Lins do Rego veio fortalecer minha sensibilidade local, regional. Durante certo tempo, quis ser romancista como ele. Nasci em 1936, mas eu era o mais moço dos sete filhos e, ao contrário dos meus irmãos, não conhecera a vida de engenho. E isso me dava um imenso complexo de inferioridade. Foi quando escrevi esse conto, "Poço", que era, na verdade, um conto sobre o engenho do meu avô paterno. Muitos anos depois fui conhecê-lo, já completamente destruído, na propriedade da Usina Tiúma, daquele milionário paulista, Antônio Ermírio de Morais. Fui na companhia do meu irmão João [Cabral de Melo Neto], que o queria rever, mas não havia praticamente o que rever, a não ser os partidos de cana e o rio Tapacurá, onde ele ia se afogando quando criança. Se bem me lembro, ainda sobrexistiam os alicerces da casa-grande. Logo, porém, descobri a história como substituto de minha carência de imaginação romanesca. Isso foi em 1948. Em 1947, um primo meu, vinte anos mais velho,*



***Joaquim Cardozo** (1897-1978), engenheiro, escritor, crítico de arte e dramaturgo pernambucano. Poeta ligado à segunda geração do Modernismo, escreveu sobre a realidade do Nordeste e de seu povo, dominando uma linguagem pictórica com formas simples e musicais. Também trabalhou como calculista em diversos projetos arquitetônicos de Oscar Niemeyer e Lúcio Costa.

**José Antônio Gonsalves de Mello**,* *que foi um grande historiador, publicara seu primeiro livro,* Tempo dos flamengos, *sobre o período holandês. Até então, eu não convivera com ele devido à diferença de idade, mas soube do livro e meu pai me comprou um exemplar que ainda possuo, pois ele estimulava subliminarmente o filho em que detectava pendores intelectuais, como, aliás, já havia feito com João.* Tempo dos flamengos (1947) *foi outra grande revelação para mim. A história trabalha com a realidade e, por conseguinte, coadunava-se com a falta de experiência que me inutilizava para o trabalho de romancista. Fui num dia de domingo visitar José Antônio, que morava num sobrado de dois andares perto do Capibaribe. E nos tornamos logo grandes amigos. Eu diria mesmo que foi meu irmão por excelência. E também uma influência fundamental. Acho que, no começo, ele não acreditou muito que eu tivesse vocação para a história, sobretudo porque não segui seu insistente conselho de aprender a ler o holandês seiscentista, o que só viria a fazer nos anos 1970, em Genebra.*

**Você era menino ainda?**

› *Antes de me tornar historiador, o que só ocorrerá muito depois, cultivei outras searas, como a história da pintura e até a crítica cinematográfica. Em 1955, graças a Eduardo Portela, que estudava Direito no Recife, ganhei uma bolsa na Espanha. Depois, quando a bolsa acabou, arranjei dinheiro com meu pai e fui para Londres, mas sem nenhum compromisso de curso formal. Na Inglaterra, topei com a obra de* **Arnold Toynbee**,* A Study of History, *despertando-me o gosto pela filosofia da história. Já de volta ao Recife, li* **Spengler**,* *Alfred Weber, o irmão esquecido de Max Weber, Ortega y Gasset etc, etc. E aprendi também que há dois gêneros*

***José Antônio Gonsalves de Mello** (1916-2002), historiador, considerado um dos maiores estudiosos da presença dos holandeses no Brasil. Formado em Direito, foi um fiel discípulo das ideias de seu primo e amigo, Gilberto Freyre. Presidiu o Instituto Arqueológico, Histórico e Geográfico Pernambucano e escreveu mais de trinta livros sobre a temática flamenga, publicados em diversos países.

***Arnold Toynbee** (1889-1975), filósofo e historiador britânico. Escritor prolífico, publicou dezenas de livros ao longo de sua carreira. Entre 1934 e 1961, escreveu sua obra mais conhecida: *Um estudo da história*, publicada em doze volumes, nos quais analisa os processos de nascimento, desenvolvimento e queda de diversas civilizações pelo mundo.

***Oswald Spengler** (1880-1936), historiador e filósofo alemão, autor de *O declínio do Ocidente* (1918). Referência entre os intelectuais conservadores europeus, sua obra é considerada fundamental para os estudos de teoria social. Durante os anos da República de Weimar, combateu ferozmente os regimes democráticos e afirmou que a Prússia autoritária era o verdadeiro protótipo do socialismo real.

*de filosofia da história: a que pretende descobrir o sentido da história universal e a que busca compreender a natureza do conhecimento histórico.*

**E como a diplomacia entrou nesse caminho?**

> *Fiquei na Europa um ano e pouco. De volta ao Brasil, ainda na época da euforia juscelinista, tive a intuição do que viria depois, a de que o país iria passar por uma fase penosa. Ou terá sido meu pessimismo crônico? Entrei para a carreira diplomática, mas ainda estava no Rio quando do golpe de 1964. No ano seguinte, fui para o meu primeiro posto no exterior, Washington. Antes de partir, tive uma reação curiosa. Calculando que Washington seria uma cidade muito chata, resolvi passar num livreiro antiquário do Recife (Brandão, que se instalaria posteriormente em São Paulo) e adquiri as fontes principais da história do Brasil holandês: as memórias diárias do donatário de Pernambuco, que participara da guerra; a narrativa de Diogo Lopes de Santiago; e a crônica de frei Manuel Calado do Salvador,* O Valeroso Lucideno. *Havia também as fontes holandesas, que vinham sendo traduzidas e publicadas desde finais do século XIX. Levei tudo isto para Washington. E como Washington era realmente chata e eu não tinha o que fazer à noite, fui lendo esses textos e tomando gosto pelo assunto. Por outro lado, cabia-me, no setor político da Embaixada, escrever uma análise quase diária da Guerra do Vietnã, quando a nação mais poderosa do mundo era submetida seguidamente às humilhações impostas por uma guerra de guerrilha. (Note o paralelismo com a guerra holandesa no Brasil). Por fim, surgira em Paris a segunda edição aumentada do livro de* **Fernand Braudel**,* La Mediterranée et le monde mediterranéen à l'époque de Philippe II. *Há anos, eu ouvira um elogio da obra por Gilberto Freyre, mas nada fiz. Na Espanha, passando por Barcelona, topei com a tradução castelhana na casa de um amigo e mentalmente me prometi encomendá-la no regresso a Madri, mas esqueci-me da promessa. É possível que, ao comprá-lo finalmente em Washington em 1966, o tenha feito no momento certo, pois* La Mediterranée *também foi decisiva para minha opção pela história. Um ano depois, fui removido para a missão do Brasil junto às Nações Unidas em Nova York, que possui uma*

***Fernand Braudel** (1902-1985), historiador francês e um dos mais importantes nomes da chamada "Escola dos *Annales*". Foi fundamental para a renovação dos métodos historiográficos no século XX. Sua obra mais conhecida é *O Mediterrâneo e o Mundo Mediterrâneo à época de Felipe II*, lançada em 1949 e escrita nos anos em que foi mantido como preso político num campo de concentração alemão, durante a Segunda Guerra Mundial.

*biblioteca estupenda, através da qual você pode solicitar o empréstimo de um livro de qualquer biblioteca norte-americana. Nos fins de semana, me refugiava na Biblioteca Pública de Nova York, que possui uma valiosa seção latino-americana. Em 1970, outra virada importante quando fui removido para a Delegação em Genebra. Durante o mês de trânsito a que então eu tinha direito, fiquei em Portugal e meti-me no Arquivo Histórico Ultramarino, porque é lá que está o grosso da documentação administrativa referente a Pernambuco e às antigas colônias. Em Lisboa, incursionei igualmente na Biblioteca Nacional e no Arquivo da Ajuda. A verdade é que encetei a pesquisa documental sem ter estudado paleografia, o que é uma burrada. Aprendi na marra e então tive momentos de desânimo, porque eu olhava o manuscrito que solicitara e me perguntava: "O que estou fazendo aqui? Está todo mundo vivendo lá fora, e eu enclausurado aqui!". Mas acabava ficando. Sempre achei que estar metido em casa lendo e estudando é bem melhor do que estar vivendo lá fora. Trata-se de preconceito intelectual, que é péssimo, eu sei, mas que pode ser fundamental, algo como um pé atrás com a vida. Tanto mais que, ao contrário da sabedoria convencional, o historiador não tem que viver o seu tempo para compreender a história. E por uma razão bem simples, porque há dois tipos de história: a história que é escrita na perspectiva do presente, que a maioria acha que deve ser a verdadeira história; e o outro gênero de história, para mim bem mais interessante, que é o passado do passado.*



**É a chamada História do tempo presente?**

> *Esta distinção deve-se a um historiador inglês do século XX,* **Michael Oakeshott**.* *O passado do passado é para mim algo de bem mais interessante. Trata-se de uma história que carece de relevância para o presente. Essa é a forma autêntica de conhecimento histórico e a que demora mais tempo para envelhecer. Ela se opõe, portanto, à história mais popular, que procura compreender o presente. Mas como inconscientemente eu não desejava saber nada sobre o presente, fui parar no período holandês. Repare bem, em termos relativos ou antes comparativos com a história do Império ou da República, o período colonial e a guerra holandesa em especial são irrelevantes para o Brasil atual. Por isso mesmo posso considerá-los com mais objetividade. Se eu tivesse nascido na Europa, teria sido medievalista. É essencial*

***Michael Oakeshott:** (1901-1990), filósofo e historiador inglês. Crítico da teoria do racionalismo político, sua produção literária é extensa e contempla, sobretudo, estudos sobre o nazismo e o marxismo.

*você tomar distância da história que você está escrevendo, pois isso aumenta seu grau de objetividade histórica. Daí que há dois livros meus que foram os únicos cuja redação me irritaram sensivelmente. Um é intitulado* O norte agrário e o Império (1871-1889) *[1984], em que trato da política imperial no tocante à indústria açucareira...*

**Esse livro o irritou?**

> *Sim, porque o tema afeta minha atualidade de pernambucano. E o segundo livro foi* A outra independência *[2004] sobre o processo revolucionário em Pernambuco de 1817 a 1824. De modo que aí você vê: no momento em que eu tratava desses assuntos, meu interesse decrescia. O oposto do que ocorria quando eu tratava do período holandês ou de outro tema de história colonial.*

**E falando do Rio de Janeiro, o senhor tem um papel importante em denunciar uma "historiografia saquarema", não é?**

> *Não diria denunciar, prefiro o termo criticar. A história saquarema é a história, escrita na ótica do Rio de Janeiro, de todo o processo da independência entre a partida de dom João VI e o grito do Ipiranga. Na realidade, esse período foi muito mais rico, confuso e turbulento do que pretendem os saquaremas (designação que no Segundo Reinado era dado ao núcleo fluminense do Partido Conservador, de vez que um dos seus chefes, o Visconde de Itaboraí, era fazendeiro em Saquarema). E o que é mais curioso e irônico. A história saquarema foi escrita majoritariamente por historiadores vindos do Nordeste: Oliveira Lima, pernambucano;* **Manuel de Oliveira Lima**,* *também pernambucano se não me falha a memória, e ela anda me falhando;* **Pedro Calmon**,* *baiano;* **Tobias Monteiro*** *rio-grandense*



***Manuel de Oliveira Lima** (1867-1928), historiador e diplomata pernambucano. Membro fundador da Academia Brasileira de Letras e autor de um dos livros mais influentes sobre o chamado período joanino: *Dom João VI no Brasil*, publicado em 1909. Foi um assíduo colaborador da imprensa carioca, escrevendo para diversos jornais e revistas.

***Pedro Calmon** (1902-1985), professor, político, ensaísta e historiador brasileiro. Em 1927 foi eleito deputado estadual pelo Partido Republicano da Bahia, cargo que ocupou até 1937. No ano seguinte, tornou-se catedrático de direito público constitucional e diretor da Faculdade de Direito da Universidade do Brasil — atual Universidade Federal do Rio de Janeiro (UFRJ) — e Ministro da Educação e Saúde durante o governo do presidente Eurico Gaspar Dutra. Foi membro da Academia Brasileira de Letras.

***Tobias Monteiro** (1866-1952), historiador, banqueiro, jornalista e político potiguar. Trabalhou com Rui Barbosa, foi secretário do *Jornal do Brasil* e redator político do *Jornal do Comércio*. Consagrou-se como um dos mais influentes jornalistas de sua época. Em 1921, foi eleito senador do Rio Grande do Norte pelo Partido Republicano.

*do norte. Só o cearense* **Capistrano de Abreu*** *escapou desta sina, ao dedicar-se à história colonial. Todos compartilhavam uma visão unitária, como se a partir de 1500 o Brasil estivesse fadado a ser um todo. Por quê? Suspeito que, entre outras coisas, isso tivesse a ver com a condição de funcionários públicos. Quando entrei para o Itamaraty no Rio, em 1960, costumava frequentar sua biblioteca, que é excelente. Eu tomava emprestado as obras relativas à Independência e ficava intrigado com o fato de que elas só tratavam do Rio de Janeiro. São Paulo aparecia um pouco; Minas também, devido às viagens que dom Pedro I havia feito a essas províncias. E era só.*

**Antes, o senhor estava falando da virada que foi a descoberta de um arquivo com o Arquivo Ultramarino em Lisboa...**

> *Nos dez primeiros anos de carreira, fui um funcionário muito empenhado no meu trabalho, tanto assim que nunca me ocorreu sair do Itamaraty na hora do almoço para frequentar o Arquivo Nacional, do outro lado da Avenida Presidente Vargas. Tive a sorte, quando entrei no Ministério, de trabalhar sob as ordens do embaixador Araújo Castro, que meses depois se tornaria secretário-geral e depois ministro das Relações Exteriores de Jango Goulart. Quando este caiu em 1964,* **Vasco Leitão da Cunha,*** *que era uma flor de sujeito mas que eu então não conhecia, solicitou que todos os assessores de Araújo Castro se mantivessem em seus postos, sem medir visivelmente a fúria persecutória que estava para vir. Dias depois, recebi o recado de que deveria deixar o gabinete e voltar à minha divisão. Foi-me dito mais ou menos que "olha, Evaldo, eu acho melhor você sair, sabe? Por causa daquele negócio do seu irmão". Meu irmão e um reduzido número de colegas haviam sido postos em disponibilidade dez anos antes, sob a acusação de constituírem uma célula comunista no Ministério. Pois bem, voltei para a divisão das Nações Unidas e dias*

***Capistrano de Abreu** (1853-1927), historiador, bibliotecário, professor e escritor cearense. Considerado por muitos o primeiro grande nome da historiografia brasileira, dedicou boa parte da sua carreira aos estudos da História do Brasil Colonial. Em 1897, foi convidado a integrar a Academia Brasileira de Letras, mas recusou a cadeira. Uma de suas grandes obras foi o livro *Capítulos da história colonial (1500–1800)*, publicado em 1907.

***Vasco Leitão da Cunha** (1903-1984), diplomata carioca. Durante o regime do Estado Novo, entre 1939 e 1941, serviu como oficial de gabinete do Ministério das Relações Exteriores. Em 1941, foi nomeado chefe de gabinete do Ministério da Justiça, cargo que ocupou até o ano seguinte. A partir de abril de 1964, Leitão da Cunha assumiu o Ministério das Relações Exteriores, permanecendo no posto até janeiro de 1966.

*depois recebi uma carta formal de Vasco Leitão da Cunha, na qual agradecia meus serviços. Certa vez, ao chegar pela manhã, a secretária me diz: "Evaldo, vá à sala Ruy Barbosa que o embaixador Barbosa da Silva quer falar com você". Eu, idiota, pensei: "Ah!, esse cara é capaz de ir chefiar a embaixada em Washington e vai querer me convidar". Apresentei-me feliz a Barbosa da Silva. Quando me sentei, ele me diz: "Evaldo, você foi chamado em primeiro lugar de modo a que o Itamaraty possa autorizá-lo a atender ao convite que lhe fez a PUC-Rio [Pontifícia Universidade Católica do Rio de Janeiro] para dar um curso de relações internacionais. Acontece que tenho aqui uma lista de secretários com inclinações esquerdistas, e você consta dela". Era uma lista de trinta e poucos diplomatas, dos quais uns dez estavam no Brasil. O embaixador então me indagou: "Você estudou na Universidade do Recife?". Respondi que não. "Saí da casa dos meus pais para cursar o Instituto Rio Branco". Ele me disse por fim: "É estranho, realmente. Deve ter sido por causa do seu irmão". Nada mais me aconteceu. Anos depois, eu estava em meu primeiro posto em Washington e quem chega lá como embaixador? Vasco Leitão da Cunha. Foi provavelmente o brasileiro mais bem-educado que eu conheci. Certo dia, eu o acompanhava a Boston, onde ele ia dar uma palestra, quando a conversa resvalou para 1964. Ele me contou que, em face de uma intimação de um dos generais da época para aceder às fichas pessoais dos diplomatas, ele fora ao presidente Castello Branco apresentar demissão. O Presidente negou-a, respondendo-lhe que não se preocupasse, pois o Itamaraty era como os ministérios militares, onde este tipo de investigação não podia ser feito de fora para dentro. E aí a pressão sobre o Itamaraty amainou, embora um punhado dos funcionários mais visados fosse efetivamente alijado, como Antônio Houaiss, no seu caso menos por suas inclinações de esquerda do que devido às queixas do governo português sobre sua atuação na ONU em prol da independência das colônias africanas. A coisa só recomeçou no governo Médici [1969-1974]. E Vasco Leitão da Cunha rematou o episódio, dizendo-me: "Eu sabia perfeitamente que todos aqueles terceiros secretários delatados eram de esquerda. Mas sabia também que entre eles estavam os mais promissores, e que sua demissão em massa redundaria em perda para o futuro do Itamaraty; e sabia sobretudo que ao longo da vida vocês acabariam mudando de ideia."*

**Depois de Washington, veio Nova York, e logo antes de assumir o posto em Genebra tem a parada decisiva em Lisboa, não é?**
> *Sim. No Arquivo Histórico Ultramarino. Fiz uma seleção de documentos que mandei microfilmar. E levei tudo isso para Genebra. Na verdade, eu não trabalhava sobre o microfilme, que eu sempre achei cansativo para a vista. Eu mandava reproduzir o documento no seu tamanho natural, o que é bem mais confortável para ler. Fiquei dois anos em Genebra e ali comecei a escrever meu primeiro livro, que foi* Olinda restaurada *[1975]. Aí fui me desprendendo levemente do Itamaraty, porque quando eu estivera no Brasil, na Secretaria de Estado, achara-me sempre ocupado com a rotina do trabalho diplomático. Tive os melhores postos que se pode ter na carreira: Nova York, Genebra, Madri, Paris, Lisboa. Não tenho do que reclamar. Mas com o tempo fui me desinteressando da profissão. Certo dia, quando já tinha uns dez anos de Itamaraty, me dei conta de que aquilo já não tinha prioridade para mim e que só me interessava escrever história.*

**E esse seu primeiro livro, *Olinda restaurada*, é o menos narrativo da sua obra.**
> *Sim. Lembro-me que estava em Genebra redigindo um dos capítulos e me vi na necessidade de narrar um acontecimento, a vinda de uma armada da Holanda para o Recife, comandada por um dos maiores almirantes holandeses da época,* **Witte de With**.* *E nesse momento dei-me conta da dificuldade estilística que tinha em narrar o episódio e me perguntei: "Sou historiador e não sei narrar?".*



**E qual a importância da narrativa na sua historiografia?**
> *Repare. Meu segundo livro, que foi* O Norte agrário e o Império *[1984], já contém uma certa dose de narração, na medida em que tive de acompanhar o debate parlamentar sobre vários assuntos, como os auxílios à lavoura ou a instalação de engenhos centrais, que eram do interesse das províncias do Norte. No meu terceiro livro,* Rubro veio *[1986], narrei o desenvolvimento ao longo de três séculos*

***Witte de With** (1599-1658), vice-almirante da Marinha Holandesa. Comandou diversas frotas em missões de busca e captura de especiarias. Desempenhou importante papel de comando durante a Batalha das Dunas contra os espanhóis (1639), e na Primeira Guerra Anglo-Holandesa (1652-1654), quando lutou contra os ingleses. Foi morto em 1676 na Batalha de Oresund, durante as Guerras Sueco-Dinamarquesas (1675-1679).

*dos tópicos que constituíam o imaginário da* **Restauração Pernambucana**.* *Quando eu estivera em Madri, após meu estágio em Brasília, cidade detestável, passando por uma excelente livraria que havia perto da embaixada, reparei na vitrine um livro recém-publicado,* L'Imaginaire du féodalisme, *de* **Georges Duby**.* *Aquele conceito ficou na minha cabeça. Anos antes, quando ainda redigia* Olinda restaurada, *pensara em concluí-lo com um capítulo sobre a maneira pela qual o período holandês fora narrado pelos cronistas e historiadores pernambucanos entre os séculos XVII e XIX. Mas desisti ao constatar que era trabalho de muito vulto em termos da dimensão de* Olinda restaurada. *Ao chegar a Paris, comecei a frequentar as aulas do Collège de France. O grande mestre que eu descobrira em Washington, Fernand Braudel, já estava aposentado. Foi então que descobri o curso de história medieval de Georges Duby. E aí comecei a frequentá-lo e a ler suas obras. Eram só três meses de curso no Collège de France, porque ele continuara a residir em Aix-en-Provence, em cuja universidade lecionara durante muitos anos. Suas preleções eram notáveis. Se você as gravasse, teria um texto tão admirável como saído de um livro, como saído de um dos seus próprios livros. (Além de Duby, só vi algo assim no meu professor de direito romano no Instituto Rio Branco,* **Ebert Chamoun**).* *As aulas de Duby eram o contrário das de* **Emmanuel Le Roy Ladurie**,* *bagunçadas pelas provocações de ouvintes despachados para este fim pelo Partido Comunista Francês, com quem*



***Restauração Pernambucana:** Movimento em que brasileiros e portugueses uniram forças contra o domínio holandês e retomaram o controle sobre o território da capitania de Pernambuco, entre 1645 e 1649. A Guerra de Restauração Pernambucana, que tem na Batalha de Guararapes (1648-49) um de seus acontecimentos mais relevantes, é considerado um marco no desenvolvimento do sentimento nativista brasileiro, e teve como principais líderes o governador colonial José Vidal de Negreiros, o senhor de engenho português João Fernandes Vieira, o militar filho de escravos Henrique Dias e o indígena Filipe Camarão.

***Georges Duby** (1919-1996), escritor e historiador francês. Membro da terceira geração da "Escola dos *Annales*" e da chamada "*Nouvelle Histoire*", é considerado até hoje um dos maiores medievalistas. Durante sua carreira, defendeu o fim da especialização exagerada e criticou o que chamava de "história provinciana".

***Ebert Chamoun** (1923-) é especialista em Direito Civil e Direito Romano. Foi professor na Universidade do Estado do Rio de Janeiro (UERJ), na Pontifícia Universidade Católica do Rio de Janeiro (PUC-Rio) e no Instituto Rio Branco.

***Emmanuel Le Roy Ladurie** (1929-), historiador francês e membro da terceira geração da "Escola dos *Annales*", é um dos estudiosos pioneiros no campo da chamada Microhistória. É autor de diversos livros, entre os quais o mais conhecido *Montaillou: cátaros e católicos numa aldeia occitana 1294-1324*, publicado em 1975.

*Ladurie rompera há anos. Primeiro, Duby fazia uma preleção de uma hora; depois, em outro auditório, mais reservado e com menos gente, vinte ou trinta pessoas, ele trazia um convidado, geralmente outro medievalista, seguindo-se um debate.*

**E foi nesse contexto que começou a escrever um novo livro?**

> *Com Duby, eu compreendi o conceito de "imaginário" em história. Hoje, trata-se de uma palavra vulgarizada, a ponto de ser usada até por locutor de televisão. Duby colhera a ideia num grande filósofo contemporâneo,* **Cornelius Castoriadis,*** *para quem o imaginário não era uma mera superestrutura ideológica, como podia pensar um marxista, mas algo que conformava um grupo social, uma classe etc.*

**E tinha uma visão bastante crítica, não é? Quer dizer, toda essa construção do panegírico, do elo institucional... Aí começa a se construída a noção de identidade, certo?**

> *A guerra holandesa servira para dar aos pernambucanos até meados do século XIX uma identidade muito forte, que hoje não existe mais. Identidade é igualmente uma palavra perigosa, com sua conotação de imutabilidade, donde neste momento estar até se prestando a ser utilizada pela extrema direita europeia, na sua reação à imigração estrangeira.*

**Bem, depois veio o quarto livro, *O nome e o sangue*, de 1989.**

> *Concluí a redação de* Rubro veio *em Lima, onde passei dois anos sem produzir mais nada. Lia muita história, mas não me interessava nem pela história do Peru, nem por história latino-americana. Já basta o Brasil, não é? Certo dia, recebi uma carta de* **Charles R. Boxer,***

***Cornelius Castoriadis** (1922-1997), filósofo, crítico social e psicanalista de origem grega. Naturalizado francês em 1945, foi defensor do conceito de autonomia política e é considerado um dos nomes mais importantes da filosofia do século XX. Em 1949, ao lado com Claude Lefort, ajudou a fundar o grupo socialista libertário *Socialismo ou barbárie*, que posteriormente deu origem a uma revista homônima. É autor de obras que influenciaram o pensamento sociológico e político mundial, entre as quais *A instituição imaginária da sociedade* (1975).

***Charles R. Boxer** (1904-2000), historiador, professor, viajante, bibliófilo britânico. Major Chefe do Serviço Secreto Britânico, após aposentar-se dessa atividade, em 1947, assumiu a Cadeira Camões de Português no *King's College*, como especialista da civilização portuguesa. Também atuou como professor de História do Extremo Oriente na Escola de Estudos Orientais e Africanos da Universidade de Londres. Trabalhou ainda na Universidade de Indiana e na Universidade de Yale.

*que me estimulava a procurar nos arquivos locais a papelada relativa ao pai de* **Francisco Barreto de Menezes**,* *que nascera ali. Barreto de Menezes foi o general que a coroa portuguesa mandou a Pernambuco comandar as tropas luso-brasileiras contra os holandeses na fase final do conflito. Não me pareceu que a ideia tivesse futuro, pois não passaria de uma pesquisa isolada, não de uma pesquisa maciça.*

**O que é pesquisa maciça?**

> *É trabalhar com uma massa de documentos, de muitos documentos, porque o historiador sem eles não vale nada. Retomando o fio da meada, de Lima fui mandado como cônsul geral em Lisboa, onde reencontrei Alberto da Costa e Silva, que era o embaixador do Brasil. Meu primo José Antônio Gonsalves de Mello ia anualmente a Portugal, onde ficava cerca de dois, três meses, à cata de documentos sobre história pernambucana. Um dia, ele me disse: "Olha, quando você tiver tempo, procure na Torre do Tombo o processo de habilitação de um sujeito chamado Felipe Paes Barreto à Ordem de Cristo". Felipe Paes Barreto era um dos pró-homens mais importantes de Pernambuco em fins do século XVII e começos do XVIII. Apesar de próspero senhor de engenho e de pertencer à família mais rica da capitania, fora vetado pela Ordem de Cristo sob a acusação de ter sangue de cristão-novo. A tramitação do processo prolongara-se por mais de duas décadas, de modo que ele era uma mina de informação de todo tipo e não apenas genealógico.*



**O senhor diz também que historiador tem que ter anjo da guarda.**

> *O anjo da guarda, ou se preferir, o acaso, é vital para o historiador. Da papelada de Felipe Paes Barreto, fiz um livro narrativo, na realidade algo detetivesco. Fiz uma narrativa ao contrário, começando pelo fim, ou seja, pela tramitação do processo em começos do século XVIII até a segunda metade do século XVI, quando seu ascendente cristão-novo se instalara em Pernambuco. A partir daí, acompanhei a história da família até chegar a Felipe Paes Barreto, concluindo com sua descendência no século XIX.*

***Francisco Barreto de Menezes** (1616-1688), militar peruano, naturalizado português. Designado pela coroa portuguesa, desembarcou em Pernambuco para comandar as tropas que lutaram contra o domínio holandês em 1648. Foi primeiro governador e capitão-general de Pernambuco entre 1654 e 1657. Na Bahia, assumiu o Governo Geral do Brasil, permanecendo no cargo de 20 de junho de 1657 a 21 de julho de 1663.

**E como foi escrever *A fronda dos mazombos* [1995]?**

> *Não existia uma história da guerra dos mascates e do meio século que a antecedera, o que não impedira o aparecimento de diferentes "interpretações", que, na realidade, eram apenas superposições banais de quem não se havia dado ao trabalho de aprofundar a investigação. Eu já estava removido de Lisboa para Barbados e antes de partir fiz microfilmar no Arquivo Histórico Ultramarino toda a documentação pertinente à guerra dos mascates e também dos anos 1654-1710. Uma vez em Barbados, eu não me contentava em ler os documentos. Eu copiava cada um deles para melhor me impregnar do seu conteúdo. Era uma trabalheira insana, mas também a melhor técnica, pois lhe permite mergulhar no texto e na cabeça de quem o redigiu de maneira mais profunda do que teria consistido na simples leitura do papel. Por isso, a redação de* A fronda dos mazombos *me deu grande prazer.*

**Ainda sobre a narrativa, foi nessa época que o senhor passou a não gostar tanto da historiografia francesa e a gostar mais da historiografia inglesa?**

> *Sim. Na França, haviam feito aquela revolução dos* ***Annales,**** *de Lucien Febvre, Marc Bloch e posteriormente Fernand Braudel e seus inúmeros discípulos. Os ingleses nunca perderam a dimensão da narrativa histórica, e os livros ingleses de história ainda são os melhores.*



**A reserva de mercado da história é ativa, não é?**

> *Pois é. Por que perder essa reserva? As ciências humanas (eu não chamo a história de ciência humana) estão interessadas cada uma em seu latifúndio. Não estão interessadas na narrativa. Qual é o sociólogo que narra à maneira do historiador? Ou o antropólogo?*

**Mas o que que o historiador, então, precisa para conseguir narrar? Quais são as qualidades?**

> *Gostar de literatura. É fundamental. Todo grande historiador do século XIX (século de grandes historiadores) foram indivíduos que inicialmente cultivaram pretensões literárias, como a de ser romancista.*

***Escola dos Annales:** Movimento historiográfico fundado em 1929 pelos historiadores Lucien Febvre e Marc Bloch. Sua principal bandeira era o rompimento com a chamada "Escola Metódica" e sua concepção da historiografia como crônica de acontecimentos, ou *histoire événementielle*. Defendiam uma escrita da História capaz de incluir análises sociais e econômicas, não sendo limitada ao estudo do campo político. A chamada "Escola dos Annales" foi continuada por Fernand Braudel e atravessou o século XX com diferentes gerações de historiadores franceses.

**O senhor se inclui nisso? Já que queria ser como José Lins do Rego.**

> *Pois é, mas meu caso é bem mais modesto. Ranke, o grande historiador alemão do século XIX, começou lendo* **Walter Scott**.* *Ele sonhava em escrever romances históricos à maneira do inglês. Se você se detém nos historiadores do século XIX como também do XX, encontrará vários que sofriam de uma frustração literária muitas vezes inconfessada (***Balzac*** *foi o contrário: sofria da frustração de não ser historiador). A literatura é uma dimensão fundamental para o historiador, particularmente em termos de narrativa. E é por isso que a universidade atrapalhou muito a historiografia, porque seus cursos de história, pretendendo-se científicos, não cultivam a vocação literária dos seus alunos. Você entra na universidade de hoje para estudar história como entraria num curso para ser dentista. Nada tenho contra os dentistas, tenho até grande medo deles. Mas a verdade é essa. Na grande maioria dos casos, você não entra para o curso de história levado pela história.*

**Quais são os seus ídolos da narrativa inglesa?**

> *Não li muitos, não. Digo apenas que é um traço comum à historiografia inglesa. Mas posso mencionar, a título de exemplo,* **John H. Elliott**.* *Seu primeiro livro tem uma história curiosa. Ele partiu da Inglaterra rumo a Madri, sem saber se viajaria a Portugal ou à Catalunha para pesquisar. Resolveu-se afinal pela Catalunha, que assim ganhou um livro magnífico sobre sua revolta de 1640 contra os castelhanos, ao passo que até hoje Portugal não dispõe de uma obra da mesma qualidade sobre sua revolta contra a Espanha, que começou em dezembro daquele mesmo ano, com a reconquista da independência e a instalação de d. João IV no trono.*

**Voltando a seus livros: *O nome e o sangue*, de 1989, é escrito em camadas. Foi algo pensado mesmo dessa forma?**

> *Como eu disse, comecei pelo final da estória e terminei pelo começo dela. Na verdade, foi*

***Walter Scott** (1771-1832) advogado, xerife, juiz e escritor escocês. Conhecido mundialmente como o "pai do romance histórico", encantou gerações de leitores em todo mundo e contribuiu para ampliação do conhecimento em torno das realidades da Inglaterra e da Escócia.

***Honoré de Balzac** (1799-1850), advogado e escritor francês. Seus romances foram influenciados pelo estilo de Walter Scott, de quem foi grande admirador. Autor de centenas de contos, poesias, peças de teatro, artigos jornalísticos e romances. Um de suas obras de maior sucesso foi publicada em 1840: *La Comédie humaine*. Com 24 volumes, foi editada definitivamente apenas em 1869.

***John H. Elliott** (1930-), escritor e historiador francês. É professor emérito na Universidade de Oxford e membro honorário do Oriel College e Trinity College, especialista em História da Espanha.

*o livro que me deu mais prazer em escrever. Em Lisboa, eu morava no Campo Grande, do outro lado da Biblioteca Nacional e também da Torre do Tombo, que se mudara de São Bento para lá. Peguei, como disse, o processo de habilitação de Felipe Paes Barreto a cavaleiro da Ordem de Cristo. O processo concluía que ele não poderia sê-lo por ter avô e bisavô cristãos-novos. Tratei de reconstituir sua genealogia. Com que eu contava? Com uma obra escrita em Pernambuco no século XVIII, a* Genealogia pernambucana, *de Borges da Fonseca, que escamoteava o assunto para não se incompatibilizar com uma família poderosa. Para provar que Felipe tinha realmente sangue judaico, o que sua parentela ciosamente ocultava, tive de subir pela sua ascendência até o primeiro da família que se estabeleceu em Pernambuco nos anos oitenta do século XVI. Foi assim que cheguei a Duarte de Sá da Maia. Ora, ele havia sido inquirido pela Inquisição de Lisboa, durante a visita que fez à capitania em 1593-1594.*

**E a Inquisição não viu nada?**
> *Não, pois era alguém já importante na terra. Já fora vereador de Olinda e era um homem próspero, senhor de dois excelentes engenhos. Convocado pela Inquisição, ele não hesitou em dizer que supunha ter sangue de cristão-novo pelo lado materno, sendo natural de Barcelos, norte de Portugal. Mas não foi absolutamente incomodado pelo Santo Ofício. Veja agora como um acaso veio ajudar-me. Um mau-caráter do século XVI, que se tinha dado ao trabalho de fazer uma lista dos cristãos-novos de Barcelos, incluiu o nome de Duarte, que "está no Brasil", e de seus pais. Como se não bastasse, quando eu já havia concluído a redação de* O nome e o sangue *e me preparava para deixar Portugal, um livreiro antiquário de Lisboa, Almarjão, mandou-me dizer que encontrara algo que me interessaria. Tratava-se de outra genealogia, escrita já no século XVIII em Pernambuco e que apagava completamente as origens cristãs-novas da família Paes Barreto. De Duarte, já não dizia nada.*



**E o prazer que o senhor teve em fazer esse livro foi justamente esse caráter detetivesco?**
> *Sim. Temos então um indivíduo importante a quem recusaram a Ordem de Cristo, malgrado os serviços prestados à Coroa e a sua posição social na capitania. Afinal de contas, ele tinha origem judaica? Deixo a questão em suspenso e entro numa segunda*

*parte em que já não me ocupo dele, mas dos cristãos-novos de Pernambuco, mediante a documentação da Ordem de Cristo existente na Torre do Tombo. Descobri então que o genealogista Borges da Fonseca escamoteara no século XVIII as origens cristãs-novas de várias famílias ilustres da capitania. Finalmente, na terceira parte, reconstituo a ascendência de Felipe Paes Barreto a partir da chegada de Duarte de Sá da Maia ao Brasil e vou até o século XIX, onde sua descendência incluiu políticos de destaque que se tornaram ministros de Estado, governadores de província, deputados e senadores, inclusive Joaquim Nabuco. Agora, sabem o meu momento de maior emoção histórica quando da preparação de* O nome e o sangue*? Recordava-me de, quando menino, ouvir minha mãe dizer que éramos parentes de Santo Antônio. Esse negócio ficara gravado na minha memória. Um dia, na Torre do Tombo, defronto-me com um documento no qual uma testemunha do processo declarava que fulano de tal não podia ser cristão-novo, pois era parente de Santo Antônio, através da família dos Bulhões, estabelecida em Pernambuco. No século, como se sabe, Santo Antônio chamara-se Fernando de Bulhões. Fiquei estarrecido com a duração da memória genealógica. A informação, viva no século XVIII, ainda sobrevivia no XX. Hoje, suspeito, deve estar completamente esquecida.*



**E depois disso é que veio a pesquisa para o livro *Negócio do Brasil*?**

› *Em 1995, depois de ser cônsul-geral em Marselha, voltei para o Brasil, publiquei* A fronda dos mazombos *e me aposentei antes do tempo, me estabelecendo no Rio. Quando estava no Itamaraty, sempre tive vontade de escrever um livro de história diplomática. Nos anos 1970,* **Antônio Houaiss**[*] *e* **Francisco de Assis Barbosa**[*] *estavam organizando uma enciclopédia, para a qual me pediram que escrevesse*

[*] **Antônio Houaiss** (1915-1999), filólogo, crítico literário, professor, tradutor, enciclopedista, escritor e diplomata carioca. Atuou como redator de jornais, sobretudo, do *Correio da Manhã*. Foi Ministro da Cultura do governo de Itamar Franco (1993), e presidente da Academia Brasileira de Letras (1996). Em 1986, assumiu de maneira ambiciosa o desafio de desenvolver o dicionário de língua portuguesa mais completo de todos os tempos. O projeto do Dicionário Houaiss da Língua Portuguesa foi concluído apenas em setembro de 2001, dois anos após o seu falecimento.

[*] **Francisco de Assis Barbosa** (1914-1991), jornalista, biógrafo, historiador e escritor paulista. Foi o sétimo ocupante da Cadeira 13 da Academia Brasileira de Letras e redator de jornais como *Correio da Manhã*, Última Hora, *Jornal do Brasil* e *Folha da Manhã*. Participou da organização do "I Congresso Brasileiro de Escritores", realizado em São Paulo (1945) e um dos fundadores da Associação Brasileira de Escritores (ABDE).

*dois verbetes: um sobre* **Nassau**,* *que foi publicado com as minhas iniciais; e outro sobre a política exterior do Brasil no Prata no século XIX, que apareceu com as iniciais de Francisco de Assis Barbosa para me poupar de chateações com o Itamaraty. A história diplomática é por definição história narrativa. Já no Rio, cogitei de desenvolver o verbete em um livro. Mas aí me acometeu uma grande preguiça mental face ao vulto da pesquisa que eu teria de encetar. Decidi então escrever a história diplomática do Brasil holandês. Anos atrás, eu havia adquirido em Lisboa os três grossos volumes da correspondência de Francisco de Sousa Coutinho que, como embaixador de Portugal em Haia, negociou a entrega do Nordeste aos holandeses contra indenização, projeto que obviamente não foi adiante. Ele foi também um grande prosador que se ignorava e que, como tal, continua ignorado em Portugal: as suas cartas são de uma vivacidade admirável. É pena que ainda não se tenha organizado uma seleta desta correspondência. (Recentemente, Pedro Corrêa do Lago descobriu suas cartas de Paris e de Roma, onde também representou Portugal). Em* O negócio do Brasil, *narro o processo diplomático graças ao qual, depois de promover a insurreição de 1645, a Coroa portuguesa foi adiando a devolução do Nordeste exigida pelos neerlandeses. Contra esta restituição, manifestara-se no Reino uma reação muito forte, sobretudo da praça de Lisboa, muito interessada no comércio do açúcar quando os grandes dias do comércio da Índia já se haviam tornado coisa do passado. Sobreveio então o acontecimento providencial: a primeira guerra anglo-holandesa de 1653 a 1654. O conflito não dizia respeito ao Brasil, mas era o fruto da rivalidade comercial entre a Inglaterra e a Holanda. Acontece que a Holanda ficou limitada pela dificuldade de despachar reforços para o Recife através do canal da Mancha, tendo de fazer a volta pelo norte da Escócia, além do que a Companhia das Índias Ocidentais, praticamente falida, dependia da ajuda do governo de Haia. Os holandeses só deixaram de exigir a restituição de Pernambuco quando um notável homem de Estado, que morrerá assassinado às mãos dos orangistas, Johan de Witte, ascendeu ao poder e negociou com Portugal o tratado de 1661.*





***Maurício de Nassau** (1604-1679), filho do conde João VII de Nassau, era príncipe de Nassau-Siegen, um Estado do Sacro Império Romano-Germânico, próximo das cidades de Wiesbaden e Coblença. Desembarcou no Brasil em janeiro de 1637, na companhia de artistas e intelectuais. Militar renomado, comandou centenas de soldados, governou as províncias holandesas no Brasil e instalou a capital do Brasil holandês na cidade do Recife, em Pernambuco.

**O senhor acha que o fato de ter escrito para um jornal lhe animou a enfrentar um livro um pouco mais motivado pelo presente, como *A outra Independência*, de 2004?**
> *Não. Eu gostava dos artigos que escrevia para a* Folha de S. Paulo *e resolvi recolhê-los no livro intitulado* Um imenso Portugal *[2002]. Quando preparei* A outra Independência *é que observei que a idade começava a me afetar, sobretudo no tocante à memória, que é vital para um historiador. Mas antes de parar definitivamente eu desejava ajustar as contas com a historiografia da Independência, com a visão saquarema da história do período, e então resolvi escrever aquele livro. Para demonstrar que houve uma alternativa à Independência como empresada no Rio de Janeiro. Curiosamente, é meu livro mais vendido.*

**E o senhor sempre brinca que é um historiador da província, mas na verdade está mostrando que tem várias histórias dentro do Brasil.**
> *Sou mesmo um cronista de província, cuja única originalidade é viver fora dela há quase sessenta anos.*



**Mas ao escrever uma história de Pernambuco, na verdade o senhor escreve uma história do Brasil, não é?**
> *Não, confesso sinceramente que não. Pernambuco tinha pouco a ver com o Brasil. Normalmente, toda a região que chamamos atualmente Nordeste, do São Francisco ao Ceará, devia se ter constituído em nação independente. Seria o normal, quando se considera o caso das repúblicas hispano-americanas. Na revolução de 1817, seu grande teórico, o padre João Ribeiro, queria organizar uma confederação das províncias da região, para a qual chegou-se a redigir uma constituição. Por isso acho graça nos pernambucanos que arrotam a precedência dos revolucionários de 1817 no processo de independência do Brasil. Em 1817, ninguém estava interessado no Brasil.*

**Existia esse projeto, o de um Pernambuco mais republicano?**
> *Claro, porque era inclusive a alternativa ao regime monárquico no Rio de Janeiro.*

**O senhor costuma dizer que ao historiador só cabe uma única escolha no julgamento, a escolha do tempo. Quais são os seus critérios para julgar como a história deve ser contada?**

> *Eu só posso falar da minha perspectiva. Nunca tive a ambição de "explicar o Brasil", para usar uma expressão da moda, de reeditar as proezas intelectuais de um Gilberto Freyre, de um Sérgio Buarque de Holanda ou de um Raimundo Faoro. Daí o pouco interesse da minha obra.*

**Agora, como então um pernambucano pode ficar exilado no Rio de Janeiro por quinze anos sem voltar para a terra-mãe?**

> *Por não desejar revê-la, pois está muito diferente do que era. Fui a última vez em 2003, e quando o avião levantou voo do aeroporto dos Guararapes assaltou-me a convicção íntima de que o fazia pela derradeira vez. E os aeroportos estão quilométricos, você tem de andar enormes distâncias para embarcar num avião.*

**Em seu discurso de posse na Academia Brasileira de Letras, o senhor falou muito sobre como escrever, sobre a importância da escrita da história...**

> *A história é uma forma de conhecimento, ao mesmo título que a filosofia ou a literatura. Neste sentido, é muito mais do que uma ciência humana. Se você pensa bem, nem a sociologia nem a antropologia foram produtos da Antiguidade greco-romana. A história, pois, corresponde a uma dimensão do conhecimento que vai muito além da dimensão das ciências humanas. Estas nasceram no século XIX, que é um século terrivelmente chato. E a coisa mais interessante é esta: se você repara nos dois pais fundadores da historiografia grega, Heródoto e Tucídides, verá que cada um deles inventou uma das duas dimensões do conhecimento histórico: o sincrônico no primeiro, o diacrônico no segundo. Elas, aliás, permaneceram separadas até o século XVIII, isto é, o século de* **Gibbon**,* *que, como demonstrou* **Momigliano**,* *refundou a história, reunindo ambas dimensões em uma só.*

**Mas não há essa oposição entre diacronia e sincronia, certo? Melhor se a gente conseguir equilibrá-los. É assim que faz?**

> *Não, não faço assim. Meu lado sincrônico é carente. Tanto assim, que nunca toquei para*

***Edward Gibbon** (1737-1794), historiador inglês. De origem abastada, foi educado sob a tutela de um pastor calvinista. Ingressou na vida política inglesa em 1774, quando se tornou membro do Parlamento e um ativo oposicionista da independência das colônias americanas. Como escritor, publicou, entre 1786 e 1788, os seis volumes da obra *Declínio e queda do Império Romano*.

***Arnaldo Momigliano** (1908-1987), professor e historiador italiano, foi impedido de lecionar na Itália durante a ditadura fascista de Benito Mussolini (1943-1945) e se exilou na Inglaterra. Especialista em História Antiga e em Estudos clássicos, é considerado um dos historiadores mais influentes do século XX.

*a frente o projeto de um livro sobre como holandeses e luso-brasileiros se viam mutuamente, o que seria essencial para explicar o fracasso da experiência batava. Limitei-me a um capítulo de* A ferida de Narciso.

**E a sua implicância com o estruturalismo, ela existe de fato?**

**>** *Nunca gostei dos ismos da moda. Gostei muito quando, leitor de filosofia da história, topei com Marx. Mas eu nunca li o Marx economista, o que escreveu* O capital, *preferindo o Marx mais fácil de ler, aquele que escreveu sobre a luta de classes na França do século XIX. Da parte econômica do marxismo, tenho uma noção graças ao* **Raymond Aron**,* *que gostava de resumi-la para refutá-la. Fui, aliás, visitá-lo certa vez, levado pelo* **José Guilherme Merquior**,* *no apartamento do* boulevard *Saint Michel, que, aliás, era alugado ao Vaticano. Aron era uma inteligência privilegiada. Em 1937, ele publicou uma obra ainda hoje fundamental, a* Introdução à filosofia da história, *sobre o que é o conhecimento histórico.*

**O senhor acredita que mesmo fazendo a história de um período muito longínquo, as questões que se tem no presente interferem na forma de fazer aquela história?**

**>** *Sim, mas de maneiras bem menos nocivas à objetividade histórica. Não me recordo se Oakeshott usou as expressões "passado do presente" e "passado do passado", mas os significados eram esses. A primeira é a história de um passado, que ainda incide, de vários modos, sobre o nosso presente. A outra é a história destinada a explicar o passado em termos do passado. É inegável que existe um perigo muito grande na prática do passado do passado, pois na medida em que você se aprofunda nele, corre o risco de se tornar ininteligível para o leitor. Como há também um risco no passado do presente: o de você só ver a história sob o aspecto da atualidade. Aliás, há toda uma escola de filosofia da*

***Raymond Aron** (1905-1983), escritor, filósofo, historiado, sociólogo, cientista político e professor francês. Atuou como militar durante a Segunda Guerra Mundial, trabalhando na Força Aérea Francesa. Após a tomada da França pelos alemães, uniu-se às forças da França Livre do General Charles de Gaulle em Londres, onde editou o jornal *La France Libre* por quatro anos. Humanista e liberal convicto, questionou o marxismo em seus trabalhos e se contrapôs ao filósofo Jean-Paul Sartre. Dentre as obras que publicou, destaca-se *O ópio dos intelectuais*, de 1957.

***José Guilherme Merquior** (1941-1991), crítico literário, sociólogo, cientista político, escritor e diplomata carioca. Autodefinido liberal social, atuou como professor no Instituto de Belas Artes do Rio de Janeiro, na Universidade do Ar, em São Paulo, na Universidade Nova de Lisboa e na Universidade de Montevidéu. Iniciou sua carreira de diplomata em 1963 e se tornou o quarto ocupante da cadeira 36 na Academia Brasileira de Letras.

*história que sustenta que só esta segunda alternativa, o passado do presente, é factível. Para Croce, por exemplo, não há escapatória: você só compreende o passado com os pés no presente.*

**Sob esse ponto de vista, sua ambição, se podemos assim dizer, é que sua obra não envelheça?**
> *Não, não. Vai envelhecer, não há dúvida. Apenas vai envelhecer mais lentamente do que outras. Mas isso não é meu mérito. É porque precisamente eu me meti num tema que interessava a poucos.*

**E agora? Qual o projeto agora?**
> *Agora, morrer. Leio muito pouco e escrevo menos, mas não tem importância. Eu já encerrei. Realmente, não há nada que me interesse mais. Sobretudo, escasseiam-me a memória e a capacidade de trabalho. Eu leio ou escrevo uma hora seguida e me sinto terrivelmente cansado.*

**Voltando aos livros, em *O Brasil holandês*, de 2010, o senhor fez uma proposta diferente dos trabalhos anteriores.**
> *Quando a Companhia das Letras me sugeriu um livro sobre o Brasil holandês, eu tinha duas opções. A primeira, escrever um livro de síntese, mas já havia o livro de Charles R. Boxer,* The Dutch in Brazil, *que é uma síntese atualíssima, embora publicado em 1957 (olhe o que eu lhe disse sobre o lento envelhecimento dos livros que versam o passado do passado). A segunda alternativa consistia em transcrever textos da época, holandeses e luso-brasileiros, comentando-os de maneira rigorosamente cronológica, inclusive certo documento do governo holandês do Recife mandando dar uma pensão à viúva e aos filhos de Calabar. Adotei, pois, a segunda alternativa.*



**É que um historiador, como acabou de dizer, tem que lidar com o documento. E aí o senhor coloca paixão...**
> *Pois sabe o que me deu enorme alegria em compilar? Foi* O bagaço da cana *[2012]. Trata-se de um cadastro completo dos engenhos de açúcar existentes no Brasil holandês, período que é, de longe, o mais bem documentado da história colonial do Brasil.*

**Mas por que isso?**
> *Porque os holandeses, inclusive a direção da Companhia das Índias Ocidentais, possuíam um aparato burocrático mais eficiente do que*

*o português. Você dispõe das atas diárias do governo holandês no Recife; de seis ou sete listas dos engenhos da colônia, com nome do proprietário, nome do orago, se é engenho de bois ou se engenho d'água etc. Pude assim organizar o cadastro de 162 engenhos do Brasil holandês. Pois esse esforço me deu muita alegria, na medida mesmo em que se tratava de um trabalho de antiquário, muito mais do que de historiador. E mais: pude recuar e utilizar a documentação inquisitorial de finais do século XVI, de trinta anos antes da ocupação neerlandesa. Em 1610, Diogo de Campos Moreno elaborou um relatório, que Gonsalves de Mello descobriu em Portugal e publicou, dos engenhos então existentes. Em 1621, outra relação portuguesa, também revelada por aquele historiador, que inclui o imposto pago pelos engenhos do Nordeste. Após a expulsão dos holandeses, há uma terceira relação. Do período holandês, dispomos de uma lista dos engenhos de Alagoas, da Paraíba, além de duas outras relações completas para a região entre Alagoas e o Rio Grande do Norte. Qual é a região brasileira que pode apresentar uma documentação tão extensa para o período colonial em tão curto espaço de tempo? Em Pernambuco, em todo o restante do período colonial, só voltaremos a dispor de uma única lista, já em meados do século XVIII, aliás demasiado sucinta comparada às anteriores.*



**O documento é faísca, porque a gente vê o senhor comentando os documentos e os olhos brilham. É uma paixão, não é?**
> *Sem dúvida. Como todas as paixões, esta também passa.*

**Mas os seus olhos desmentem...**
> *É que eu estou relembrando.*

# Biografia

**20/01/1936**
Evaldo Cabral de Mello nasceu em Recife (PE), onde passou a infância e iniciou seus estudos. Filho de Luiz Antônio Cabral de Mello e de Carmen Carneiro Leão Cabral de Mello.

**1950**
Conviveu com Gilberto Freyre quando começou a datilografar o manuscrito do livro *Assombrações do Recife Velho*.

**1955**
Bolsista do Instituto de Cultura Hispânica. Em Madrid, frequentou aulas na Universidade de Madri, como Ética ministrada pelo filósofo José Luis López-Aranguren, e Poética, pelo poeta e crítico literário espanhol Carlos Bousoño.

**1960**
Ingressou por concurso no Instituto Rio Branco do Ministério das Relações Exteriores e foi nomeado terceiro secretário na carreira diplomática, ao término da formação.

**1963**
Assessor do Secretário Geral do Itamaraty, embaixador Araújo Castro.

**1963**
Participou da delegação do Brasil à Comissão do Espaço Cósmico das Nações Unidas e à Assembleia Geral das Nações quando atuou como funcionário da Divisão das Nações Unidas.

# Bibliografia

*Evaldo, década de 1960.*

**1948**
Publicou seu primeiro texto: o conto "O Poço", no jornal *Diário de Pernambuco*.

*Hyde Park, Londres, 1956.*
*Abaixo: Navacerrada, Espanha, 1956.*

Salamanca, março 1956.

# Biografia

**1963**
Membro do gabinete de Araújo Castro, então Ministro das Relações Exteriores, até 1964.

**1964**
Assessor do ministro do Planejamento, Roberto de Oliveira Campos, função que exerceu até 1965.

**1965**
Segundo Secretário na Embaixada em Washington, nos Estados Unidos, cargo que ocupou até 1967.

**1967**
Segundo Secretário na Missão do Brasil junto às Nações Unidas em New York, nos Estados Unidos, cargo que ocupou até 1970.

**1970**
Iniciou a pesquisa para o livro *Olinda Restaurada*, durante férias em Lisboa.

**1972**
Pesquisou os documentos holandeses da coleção José Higino, no acervo do Instituto Arquelógico, Histórico e Geográfico Pernambucano, durante férias em Recife.

**1972**
Retornou ao Brasil como assessor do chefe do Departamento de Organismos Internacionais do Itamaraty, função desempenhada até 1976.

# Bibliografia

*Onu, Nova York.*

**1975**
Lançou o livro *Olinda restaurada: guerra e açúcar no Nordeste (1630-1654)* (Editora Forense-Universitária/ Editora da Universidade de São Paulo, São Paulo), pelo qual recebeu o Prêmio Joaquim Nabuco de História, da Academia Brasileira de Letras.

# Biografia

**1976**
Conselheiro da Embaixada do Brasil em Madrid, função que exerceu até 1979.

**1979**
Foi removido para Paris, onde assumiu a função de Ministro Conselheiro da Embaixada do Brasil até 1984.

**1984**
Foi removido para Lima, Peru, onde trabalhou na Embaixada do Brasil até 1986.

**1987**
Cônsul Geral do Brasil em Lisboa, Portugal, cargo que ocupou até 1991.

**1990**
Recebeu do governo brasileiro a Grã-Cruz da Ordem de Rio Branco.

**1991**
Embaixador comissionado do Brasil em Bridgetown, Barbados, até 1992.

# Bibliografia

*À esquerda, Arles, França, 1972.*
*À direita, Sintra, Portugal, anos 1970.*

**1984**
Lançou o livro *O Norte agrário e o Império, 1871-1889* (Nova Fronteira, Rio de Janeiro/ Fundação Nacional Pró-Mermória, Brasília).

**1986**
Lançou o livro *Rubro veio: o imaginário da restauração pernambucana* (Nova Fronteira, Rio de Janeiro).

**1987**
Autor do texto para o catálogo da exposição *Imagens do Brasil Holandês 1630-1654*, realizada no mês de maio, no Paço Imperial, Rio de Janeiro (Fundação Nacioal Pró-Memória, Brasília).

**1989**
Lançou o livro *O nome e o sangue: uma fraude genealógica no Pernambuco colonial* (Companhia das Letras, São Paulo).

*Mapa (detalhe) da Ilha de Barbados, século XVIII.*

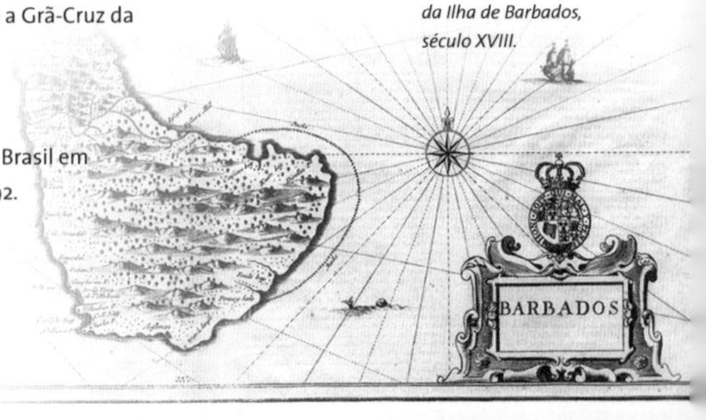

## Biografia

**1992**
Assume como cônsul-geral em Marselha, na França, cargo que ocupou até 1995.

**1995**
Aposentou-se da carreira diplomática e passou a residir no Rio de Janeiro.

**1996**
Recebeu a Grã-Cruz da Ordem Nacional do Mérito Científico, concedida pelo governo brasileiro.

**1999**
Recebeu do governo holandês, a comenda da Ordem Orange-Nassau no grau de Grã-Cruz.

**2000**
Recebeu o Prêmio d. João de Castro, da Comissão Nacional para as Comemorações dos Descobrimentos Portugueses (Lisboa), pelo livro *O negócio do Brasil: Portugal, os Países Baixos e o Nordeste*, 1641-1669.

**2001**
Recebeu o Troféu Cultural da cidade do Recife.

## Bibliografia

**1995**
Lançou o livro *A fronda dos mazombos: nobres contra mascates. Pernambuco 1666-1715* (Companhia das Letras, São Paulo), pelo qual recebeu o Prêmio José Ermírio de Moraes, da Academia Brasileira de Letras, e D. João de Castro, da Comissão Nacional para as Comemorações dos Descobrimentos Portugueses.

**1996**
Organizou o livro *O carapuceiro* (Companhia das Letras, São Paulo).

**1998**
Lançou o livro *O negócio do Brasil: Portugal, os Países Baixos e o Nordeste, 1641-1669* (Topbooks, Rio de Janeiro); pelo qual recebeu o prêmio Jabuti da Câmara Brasileira do Livro.

**2001**
Lançou o livro *A ferida de Narciso: ensaio de história regional* (Editora Senac, São Paulo).

**2001**
Organizou o livro *Frei Joaquim do Amor Divino Caneca* (Editora 34, São Paulo).

*Johann Mauritis Von Nassau-Siegen.*
*Gravura de 1637.*

## Biografia

*Joaquim Nabuco, 1902.*

**23/10/2014**
Eleito para a Cadeira nº 34 da Academia Brasileira de Letras (ABL). Patrono Sousa Caldas.

**27/03/2015**
Tomou posse na Academia Brasileira de Letras (ABL). Foi o oitavo ocupante da cadeira nº 34, sucedendo o acadêmico João Ubaldo Ribeiro.

## Bibliografia

**2002**
Lançou o livro *Um imenso Portugal: história e historiografia* (Editora 34, São Paulo).

**2004**
Lançou o livro *A outra Independência: o federalismo pernambucano de 1817 a 1824* (Editora 34, São Paulo).

**2005**
Realizou a edição de textos, prefácios e notas para a obra *Joaquim Nabuco - Diários* (Massagana, Recife/Bem-Te-Vi, Rio de Janeiro).

**2006**
Lançou o livro *Nassau* (Companhia das Letras, São Paulo).

**2010**
Organizou o livro *Essencial Joaquim Nabuco*, (Penguin/ Companhia das Letras, São Paulo).

**2010**
Organizou o livro *O Brasil holandês*, (Penguin/Companhia das Letras, São Paulo).

**2012**
Lançou o livro *O bagaço da cana: os engenhos de açúcar do Brasil holandês* (Penguin/ Companhia das Letras, São Paulo).

**2014**
Lançou o livro *A educação pela guerra. Leituras cruzadas da história colonial*, (Penguin/ Companhia das Letras, São Paulo).

## Referências

BRASIL. Instituto Rio Branco: Ministério das Relações Exteriores. Disponível em: http://www.institutoriobranco.itamaraty.gov.br/ (Acesso em: 18 mar. 2019).

CARIELLO, Rafael. O casmurro: o entusiasmo pela narrativa e o tédio existencial de Evaldo Cabral de Mello, o historiador pernambucano que reinterpretou o Brasil. Revista Piauí. Maio de 2015.

Companhia das Letras. Autores: Evaldo Cabral de Mello. Disponível em: https://www.companhiadasletras.com.br/autor.php?codigo=00330 (Acesso em: 18 mar. 2019).

Instituto Rio Branco. Ministério das Relações Exteriores. Anuário do Instituto Rio Branco 1958/1959/1960. Disponível em: http://www.institutoriobranco.itamaraty.gov.br/images/anuario/Anuario-1958-1959-1960_4.pdf (Acesso em: 18 mar. 2019).

Instituto Rio Branco. Ministério das Relações Exteriores. Anuário do Instituto Rio Branco 1961/ 1962 / 1963. Disponível em: http://www.institutoriobranco.itamaraty.gov.br/images/anuario/Anuario-1961-1962-1963.pdf (Acesso em: 18 mar. 2019).

MORAES, José Geraldo Vinci de; REGO, José Márcio (organizadores). Conversas com historiadores brasileiros. São Paulo: Editora 34, 2002.

Perfil biográfico na Academia Brasileira de Letras (ABL). Acadêmico Evaldo Cabral de Mello. Disponível em: http://www.academia.org.br/abl/cgi/cgilua.exe/sys/start.htm%3Fsid%3D1045/biografia (Acesso em 18 mar. 2019).

SCHWARCZ, Lilia M., STARLING, Heloísa M. M. O acaso não existe. In.: SCHWARCZ, Lilia M.(Org.). Leituras críticas sobre Evaldo Cabral de Melo. Belo Horizonte: Editora UFMG; São Paulo: Editora Fundação Perseu Abramo, 2008. Entrevista. Rio de Janeiro, 19 de maio de 2005, pags. 151-183.

# Obras publicadas

**1975**
*Olinda restaurada: guerra e açúcar no Nordeste, 1630-1654* (Editora Forense-Universitária; Universidade de São Paulo).

**1984**
*O Norte agrário e o Império, 1871-1889* (Nova Fronteira, Rio de Janeiro/Fundação Nacional Pró-Memória, Brasília).

**1986**
*Rubro veio: o imaginário da restauração pernambucana* (Nova Fronteira, Rio de Janeiro).

**1987**
*Imagens do Brasil Holandês 1630-1654* (Catálogo) (Fundação Nacional Pró-Memória, Brasília).

**1989**
*O nome e o sangue: uma fraude genealógica no Pernambuco colonial* (Companhia das Letras, São Paulo).

**1995**
*A fronda dos mazombos: nobres contra mascates, 1666-1715* (Companhia das Letras, São Paulo).

# Obras publicadas

**1996**
*O Carapuceiro* (Companhia das Letras, São Paulo).

**1998**
*O negócio do Brasil: Portugal, os Países Baixos e o Nordeste, 1641-1669* (Topbooks, Rio de Janeiro).

**2001**
*A ferida de Narciso: ensaio de história regional* (Editora Senac, São Paulo).

**2001**
Frei Joaquim do Amor Divino Caneca (Editora 34, São Paulo).

**2002**
*Um imenso Portugal: história e historiografia* (Editora 34, São Paulo).

**2004**
*A outra Independência: o federalismo pernambucano de 1817 a 1824* (Editora 34, São Paulo).

**2004**
*Joaquim Nabuco - Diários* (Massangana, Recife/Bem-Te-Vi Produções Literárias, Rio de Janeiro).

**2006**
*Nassau* (Companhia das Letras, São Paulo).

**2010**
*Essencial Joaquim Nabuco* (Penguin/Companhia das Letras, São Paulo).

**2010**
*O Brasil holandês* (Penguin/ Companhia das Letras, São Paulo).

**2012**
*O bagaço da cana. Os engenhos de açúcar do Brasil holandês* (Penguin/ Companhia das Letras, São Paulo).

**2014**
*A educação pela guerra. Leituras cruzadas da história colonial* (Penguin/ Companhia das Letras, São Paulo).

JOSÉ MURILO DE CARVALHO

O MAL
ORDEM E PROGRESSO
15 DE NOVEMBRO - 1904
ZÉ POVINHO

Capa de *O malho*,
12 de novembro de 1904.

# JOSÉ MURILO DE CARVALHO: O PAÍS DOS SONHOS DESFEITOS



Em 1964, o Brasil estava pegando fogo, os estudantes jogavam achas de lenha embebida em gasolina na grande fogueira que se armava e José Murilo de Carvalho andava próximo ao olho do furacão – era aluno do curso de Sociologia e Política, na Universidade Federal de Minas Gerais (UFMG). Passava o dia inteiro às voltas com os livros, graças a um projeto inovador de ensino criado na Faculdade de Ciências Econômicas (FACE), onde funcionava o curso, e que concedia bolsas a quem estivesse determinado a estudar em tempo integral e disposto a encarar uma pós-graduação no futuro. Nos fins de semana, contudo, José Murilo guardava os livros na estante e ia fazer política. Tinha uma enorme vontade de mudar o Brasil; militava na Ação Popular (AP), uma organização de origem cristã, orientada por formas de ação de inspiração socialista e matriz humanista. O governo de João Goulart (1961-1964) pretendia emplacar uma agenda reformista com viés redistributivo de renda e vocação socialmente inclusiva – as Reformas de Base –, e os integrantes da AP estavam comprometidos com a implantação dessa agenda, especialmente com o planejamento e a promoção da Reforma Agrária. Madrugada de sábado, José Murilo saía de casa para encontrar os companheiros de militância e pôr o pé na estrada: percorria o interior de Minas Gerais ajudando a organizar sindicatos rurais, com apoio do Movimento de Educação de Base (MEB), criado em 1961 pela Igreja Católica, para alfabetizar a população do campo. A AP investiu pesado em ações voltadas para afirmar o direito de organização do trabalhador rural e, entre 1963 e março de 1964, ele e seus companheiros contribuíram ativamente para a criação de cerca de 70 sindicatos no interior do estado.

O golpe militar, em 1964, apanhou quase todo mundo de surpresa. É bem verdade que não dava para ignorar os sinais piscando alucinadamente na cena pública nacional. Em 1964, a estrada onde corria o país desgovernado terminava num abismo, José Murilo escreveria anos depois.[1] A polarização partiu a sociedade em duas lascas, com grupos extremistas à esquerda e à direita – e, a partir de outubro de 1963, a instabilidade política e administrativa do governo de João Goulart ficou evidente. Entre 31 de março e 11 de abril de 1964, a ruptura política e institucional se consumou: ocorreu um golpe de Estado e a deposição do presidente constitucional.

Foi um choque, como José Murilo recorda numa entrevista de 2002. Sua estupefação não foi provocada pelo golpe propriamente dito, mas por aquilo que ainda estava por vir: os acontecimentos em 1964 não repetiram a lógica das tentativas anteriores de intervenção ocorridas em 1945, 1954, 1955, 1956, 1959 e 1961. Até então, o procedimento era o mesmo: as Forças Armadas irrompiam no ambiente político no duplo papel de moderador e protagonista para, em seguida, convocar eleições, devolver o poder aos civis e se recolher aos quartéis. Mas aquele ano de 1964 não era em nada como os outros. No dia 15 de abril, o general Humberto de Alencar Castelo Branco tomou posse no plenário do Congresso Nacional, jurou defender a Constituição de 1946 e garantiu entregar o cargo ao seu sucessor em 1965 – tudo como previa o figurino. Não cumpriu uma palavra do que prometeu.



A surpresa foi essa. O golpe que levou um general à presidência da República não reproduziu o tradicional intervencionismo das Forças Armadas, tão frequentes na história republicana brasileira. Os militares não passaram o poder a seus aliados políticos, como era a praxe. "Vieram, viram, venceram e ficaram", anotou José Murilo, com uma dose de ironia.[2] A posse do novo presidente foi o prelúdio de uma completa mudança no sistema político, moldada através da colabora-

1 José Murilo de Carvalho, "Fortuna e Virtù no golpe de 1964". In: *Forças Armadas e política no Brasil*. Rio de Janeiro: Jorge Zahar Editor, 2005, p. 125.
2 Ibidem, p. 8.

ção ativa entre militares e setores civis interessados em implantar um projeto de modernização impulsionado pela industrialização e pelo crescimento econômico, e sustentado por um formato abertamente ditatorial – vale dizer, por um governo que não é limitado constitucionalmente.

José Murilo ficou atordoado com a vitória fácil dos golpistas: "Onde estavam os sindicatos, os estudantes, o movimento popular, os generais do povo, o dispositivo militar?", ainda se indagava em 2005. E quando relembrava o dia seguinte ao golpe, não escondia o travo da melancolia: "No dia primeiro de abril, vagávamos perplexos pela Avenida Afonso Pena, no centro de Belo Horizonte, cuidando apenas em não sermos encontrados por algum dos colegas direitistas que andavam armados pelas ruas, caçando subversivo".[3] Dias depois, quando Castelo Branco assumiu o governo e os atos institucionais começaram a ser publicados, sua perplexidade aumentou. "Como foi possível que ninguém tivesse previsto aquele tipo de golpe, embora todos falassem e muitos pensassem em golpe?",[4] ele se perguntara inúmeras vezes, enquanto tentava refletir sobre o que tinha acontecido: "Como foi possível ignorar as mudanças por que passaram as Forças Armadas, responsáveis por sua nova postura?".[5]





Encontrar respostas ia levar tempo e não seria nada fácil. Praticamente inexistia, no Brasil, uma bibliografia acadêmica analisando as Forças Armadas e, depois de consumado o golpe, escrever sobre os militares andou provocando desconforto no campo das esquerdas, especialmente nas universidades e no meio intelectual brasileiro – o sujeito corria o risco de tornar-se suspeito de alimentar alguma simpatia pelo governo dos generais. Nada disso, contudo, respondia às suas perguntas ou encerrava a questão; e, entre 1974 e 1977, José Murilo publicou parte dos resultados do que viria a ser uma extensa pesquisa sobre o papel político dos militares em nossa história republicana. As primeiras conclusões apareceram na revista do departamento de Ciência Política da UFMG, onde ele deu aulas durante nove anos e, três anos depois, mais extensas, no formato de capítulo escrito para o penúltimo volume da coleção História Geral da Civilização Brasileira, dirigida por Boris Faus-

3 José Murilo de Carvalho, "1964 meio século depois". In *Nova Economia*. Belo Horizonte: FACE/UFMG, jan./abr. 2014. p. 2

4 José Murilo de Carvalho, "Introdução". In *Forças Armadas e política no Brasil*. Rio de Janeiro: Jorge Zahar Editor, 2005. p. 8.

5 Ibidem.

to.[6] O livro sobre os militares ainda iria demorar – *Forças Armadas e política no Brasil* só seria publicado em 2005.

Valeu a pena esperar. O livro foi escrito na fronteira entre os campos da História, da análise política e da Sociologia e chegou às livrarias com fôlego suficiente para produzir uma reviravolta nos estudos sobre os militares brasileiros. Além disso, *Forças Armadas e política no Brasil* revela o uso de determinadas modalidades recontitutivas do passado que se tornariam uma das principais marcas de sua historiografia. O impulso de esquadrinhar o passado é desencadeado a partir de perguntas específicas e motivado por questões atuais. Interrogar o passado para pensar com ele, mantendo um olho no presente, permitiu a José Murilo falar a língua meio estranha dos historiadores. O que ele procura não são necessariamente os momentos traumáticos do passado. Sua historiografia indaga as fontes e observa no tempo aquilo que aparece como contrastante, ao mesmo tempo em que busca pelos indícios de algo que está ainda em forma embrionária e que só irá ganhar nitidez e profundidade quando visto sob uma luz nova, no presente.



*Forças Armadas e política no Brasil* instituiu uma nova maneira de abordar os estudos sobre o comportamento político dos militares, mas não se detém nem nos acontecimentos imediatamente anteriores ao golpe de 1964, nem na conspiração que uniu a nata do empresariado brasileiro aos generais da Escola Superior de Guerra na preparação e execução de um bem orquestrado esforço de desestabilização do governo de João Goulart. O percurso foi outro, e José Murilo encontrou as razões do comportamento político das Forças Armadas no estudo da instituição militar e de suas formas de organização interna, desde a Primeira República. Entender o ambiente e o modo como a instituição militar se comporta foi decisivo para sua análise das propostas de intervenção e das opções de ação política, assumidas ao longo da nossa história republicana tanto pela oficialidade quanto por praças – responsáveis, no limite, por fazer em pedaços a experiência democrática da Segunda República (1946-1964) e por instalar no país uma longa ditadura, que durou 21 anos.

Suas perguntas viajaram para frente e para trás no tempo através da pesquisa histórica. O Exército politizado começou a surgir no Império, a partir da década de 1850, dentro das escolas militares, mas as Forças

6 "As Forças Armadas na República: um poder desestabilizador", *Cadernos DCP*, n° 1, 1974; *Id.* "As Forças Armadas na Primeira República: o poder desestabilizador. In Boris Fausto (org.), História Geral da Civilização Brasileira. São Paulo: DIFEL, 1977, tomo II, v. 2.

Armadas só se tornaram um poder desestabilizador na cena pública brasileira em outro momento – durante a Primeira República. A mudança definitiva, porém, sobreveio no fim da década de 1930. O Exército foi o mais sólido e confiável aliado da ditadura do Estado Novo, seu principal instrumento de controle, e emergiu, em 1945, com papel redefinido, concluiu José Murilo. Tornou-se uma organização moderna, com armas, equipamentos e tropa condizentes. A instituição militar também havia se transformado em algo qualitativamente diferente e, em termos políticos, bem mais letal: uma força autônoma, intervencionista, convicta de ser a única em condições de formar uma elite bem treinada, organizada, com visão nacional e preparada para atuar na cena pública com legitimidade própria.

Essa convicção intervencionista permanece até hoje. É parte da fragilidade da nossa República, analisa José Murilo de Carvalho, em capítulo escrito especialmente para a reedição do livro, em 2019, e que examina os sinais de ressurgimento da interferência dos militares na vida pública nacional. Nos últimos trinta anos, as Forças Armadas sofreram inúmeras modificações: a composição social foi alterada, o treinamento e os valores não são os mesmos. Mas nuvens carregadas continuam turvando o céu. A atribuição de papel político à instituição militar é sancionada em cinco das sete Constituições feitas após a Independência – e integralmente mantida pela Constituição de 1988. É sintomático que não tenha havido sequer uma tentativa de mudança nas três décadas de governo civil que se seguiram à ditadura militar – isso serve como uma armadilha, e estamos presos nela, ele sublinha. As Forças Armadas estão autorizadas constitucionalmente a intervir na cena pública em nome da garantia da estabilidade do sistema político, e essa autorização funciona como um entrave para a consolidação das práticas democráticas. É como se nossa República precisasse de uma bengala – e entregasse aos militares o papel político de tutela.[7]

Em 1965, José Murilo de Carvalho embarcou para os Estados Unidos para cursar pós-graduação na Universidade de Stanford. Ele deve ter levado na bagagem certa dose de frustração – o que é, para dizer o mínimo, um bom palpite. Afinal, quaisquer que fossem as ressalvas que pudessem ser feitas à presidência de João Goulart, esse foi o único governo, até então, disposto a propor, em uma conjuntura democrática, um programa reformista radical, ao mesmo tempo compromissado com o fim



7 "Uma República tutelada", in *Forças Armadas e política no Brasil*, São Paulo: Todavia, 2019.

da desigualdade social e com a necessidade de apresentar um percurso ambicioso e alternativo para modernização do país. E convenhamos: o golpe de 1964 representou uma dura derrota para quem estava mobilizado à esquerda, sobretudo nos meios universitários da época.

Talvez o desejo de compreender o que aconteceu com o país – e, de certo modo, com a própria vida – tenha funcionado como gatilho; e no sentido de urgência despertada por aquela conjuntura esteja a origem do sentimento que levou José Murilo a procurar conceitos e palavras para entender os sinais de que alguma coisa ocorria às avessas no Brasil. Algo deu errado em nosso desejo de futuro, e pensar sobre isso com clareza organiza desde então sua reflexão sobre o país: "Somos um povo que vive de sonhos desfeitos", declarou em 1999.[8] Também é possível imaginar que a sensação de ver o Brasil de fora tenha sido indispensável para despertar nele o desejo de entendê-lo. À distância, José Murilo pode ter concluído que os militares claramente faziam parte do problema, mas o nó estava em outro lugar: seria preciso se aproximar do passado para conhecer de perto o Brasil e compreender por qual motivo algo não se cumpriu em nosso projeto de nação. Possivelmente começou aí um esforço para entender o país – e não apenas uma parte da nossa história –, motor responsável por alinhar perguntas que ele se faz até hoje em artigos e livros. Por exemplo: como entender o saldo negativo de um país no qual as chances de modernização política – instituições sólidas, liberdade, igualdade e bem-estar social – são reais, mas os resultados estão sempre aquém do planejado e a cidadania segue fugidia?



A temporada no exterior deve ter levado José Murilo a refletir acerca dos impasses e das alternativas do país. É bem verdade que ele nunca mais parou de se perguntar sobre o Brasil e, quem sabe, não vá discordar se alguém se arriscar a dizer que determinadas perguntas funcionam como andaimes para sustentação de sua obra. Na prática, são elas que fornecem os temas e organizam o conjunto de ideias que ele investiga, aparecendo constantemente trançadas umas nas outras em seus livros: Por qual motivo o país caminhou ao inverso, da formação do Estado para a fundação da nação? Qual o grau de participação do povo na vida pública nacional? E por que tudo dá errado mesmo quando são concretas as nossas chances de superar a miséria, modernizar uma sociedade profundamente desigual e garantir os mecanismos de aprofundamento da cidadania?

**8** Entrevista com José Murilo de Carvalho, "Um país frustrado", *O Tempo*, 19.12.1999, pp. 4-5.

Não se trata evidentemente de construir um Brasil em negativo, com heróis sem heroísmo e história sem acontecimentos. José Murilo de Carvalho não é um autor espremido entre o pessimismo, a força do destino e a ênfase na construção de uma espécie de "historiografia da falta", de feitio meio bovarista, como diria Sergio Buarque de Holanda, que provoca uma evasão no imaginário e leva o historiador a idealizar um Brasil diferente do que é.[9] Ao repaginar o país para nos dizer o que ele era, seus livros buscam principalmente entender o brasileiro que fomos e que deveríamos ou poderíamos ser. Esse entendimento é essencial para refletirmos sobre o presente – e, é claro, também para conseguirmos intervir de maneira positiva em um país que precisa indubitavelmente ser melhor do que o que temos hoje. Aliás, as respostas encontradas por José Murilo estão longe de fornecer um balanço final; a função é outra. Elas facultam ao leitor uma compreensão mais alargada e consistente do que a contemporaneidade brasileira ainda oculta. No conjunto, sua obra orienta uma maneira de pensar e sentir o Brasil.

Em sua tese de doutorado, em Stanford,[10] José Murilo começou a resenhar esse país cujas possibilidades são reais, mas os resultados estão sempre abaixo do que foi planejado. Seu desafio era entender os procedimentos de formação de um Estado nacional, no Brasil, durante o século XIX. A "construção da ordem", como ele batizou esse processo, garantiu a manutenção da unidade política na imensa e desarticulada colônia portuguesa e conseguiu impedir a fragmentação do território, sobretudo em comparação com a experiência da América espanhola. Isso só foi possível por força do tipo de elite política existente à época, isto é, do conjunto de homens que governaram o país – ministros, conselheiros de Estado, senadores, presidentes de província, deputados – e de sua atuação na constituição do Estado imperial.



A existência de um grupo de cerca de quinhentas pessoas recrutado substancialmente entre os setores sociais dominantes, com idêntica composição letrada, obtida na mesma instituição – a Universidade de Coimbra – e concentrada no Rio de Janeiro, teve consequências, analisa José Murilo. As características comuns garantiram homogeneidade ideológica e treinamento profissional aos integrantes do grupo, reduziram os conflitos intra-elite e conduziram suas escolhas. Mesmo atuando

9 Sérgio Buarque de Holanda, *Raízes do Brasil*, São Paulo: Companhia das Letras, 2006, pp. 183-4.
10 Originalmente a tese foi publicada em dois volumes: *A construção da ordem* e *Teatro de sombras*. Em 2006 foi publicada em um único volume com o título *A construção da ordem: a elite política imperial. Teatro de sombras: a política imperial*, Rio de Janeiro: Civilização Brasileira, 2006.

dentro de certas limitações em suas decisões políticas, especialmente as de natureza econômica, essa elite foi bem-sucedida no processo de construção do Estado. Sustentou um projeto unitário, proclamou a manutenção da centralidade do antigo território da colônia sobretudo durante nos anos regenciais, repletos de revoltas, evitou o predomínio militar na organização do poder, determinou a especificidade política do Estado que se formou no Brasil e de seu sistema de governo, definido por uma monarquia constitucional representativa.

O protagonismo de uma elite centralizadora em excesso e fortemente conservadora está na matriz da configuração do Estado brasileiro. Tudo somado, suas escolhas políticas facultam ao leitor de hoje uma visão mais clara do ponto em que se origina a forma de organização do poder do Estado e de onde vem seu traço autoritário – e, naturalmente, oferecem uma perspectiva para a compreensão de questões que surgiram depois do século XIX. Mas as ideias e valores que predominaram entre os membros dessa elite, bem como as instituições que ela implantou e lhe serviram como sustentáculos de poder – o Conselho de Estado, o Senado Vitalício, o Poder Moderador –, mantinham uma relação tensa de ajuste e desajuste com a realidade social. Havia uma ambiguidade que atravessava as instituições e fazia da política um jogo de representação, uma espécie de "teatro de sombras", para usar a definição de José Murilo. Foi a obsessão por centralização como garantia de controle que levou a elite imperial a sufocar com violência as opções políticas de natureza federalistas e republicanas emersas nas revoltas regionais; aliás, esse é um forte sinalizador indicando que a adesão das províncias ao projeto do Império não seria executado apenas por meio do convencimento, nem contaria com apoio unânime no interior da antiga colônia portuguesa na América.



Finalizada em 1974, a tese de doutorado rendeu dois volumes – *A construção da ordem* e *Teatro de sombras*. No Brasil, a recepção foi fria: tal como aconteceu com os artigos que ele escreveu sobre as Forças Armadas, a publicação da tese, em 1980, também acabou sendo ignorada por um bom tempo. Tinha a ver com as circunstâncias da época. Numa conjuntura politicamente efervescente e que marcou o período final da ditadura militar, escrever sobre os movimentos populares, em especial sobre a classe operária, significava adotar uma estratégia de resistência e de enfrentamento oposicionista. Já estudar as "elites" cheirava a conservadorismo, e teve muita gente nas universidades torcendo o nariz para a publicação da primeira parte da tese de José Murilo, intitulada "A construção da ordem: a elite política imperial". "Imagina, quem lê esse livro?", desdenharam.[11]

Envolvido com a pesquisa e a análise sobre a elite política imperial e seu papel na formação do Estado brasileiro, era o caso de perguntar onde José Murilo arranjava tempo, em Stanford, para ir à forra dos estudos. Na virada da década de 1960 para os anos 1970, os ventos do movimento da contracultura sopraram com força nos Estados Unidos e a importância do rock se consolidou como linguagem musical. José Murilo sentou-se em volta de fogueiras contando vaga-lumes, participou das marchas hippies contra a guerra do Vietnã, em São Francisco, e foi escutar Joan Baez cantar "The Times They Are A' Changin", com Bob Dylan, em Berkeley. Também passou aperto: em Austin, refugiou-se com colegas na biblioteca e escapou dos tiros disparados por Charles Whitman, um estudante de engenharia que se entrincheirou dentro da torre da Universidade do Texas e durante quase duas horas atirou aleatoriamente sobre tudo que se movia no campus – matou 14 pessoas e feriu 32. Mas encerrado o calendário de aulas, ele não quis nem saber: comprou um carrão usado – um Impala Sport– e, meio à moda *Easy Rider*, resolveu viajar através dos Estados Unidos; a aventura terminou com uma vaca atropelada em uma estrada do Colorado.[12]





E, naturalmente, o processo de redação da tese ofereceu ao autor uma dose extra de peripécias. Se a elite política imperial teve êxito no processo de formação do Estado, observa José Murilo, o problema que veio a seguir – a constituição da nação – se revelou intratável. É fácil entender a razão. A manutenção da unidade do país, avalizada pela Monarquia, foi o meio eficaz de concentrar poder, garantir a ordem social e preservar a escravidão. Mas, a partir da década de 1840, quando essa elite terminou de se entender internamente em torno do comando do Estado, o povo desapareceu do cenário oficial da política. Após a Abolição e o início da República, o desaparecimento se acentuou. Na realidade, a democracia vacilou e tropeçou quando se viu forçada a confrontar-se com a pergunta, difícil de ser formulada publicamente numa sociedade como a brasileira ao final do século XIX, escravista, hierárquica e desigual: quem pertence – e quem não pertence – à comunidade dos cidadãos?

O sentimento de fazer parte de uma comunidade nacional só veio depois, demonstra José Murilo de Carvalho. Materializou-se entre nós

11 Entrevista com José Murilo de Carvalho, in J. G. V. de Moraes e J. M. Rego, *op. cit*, p. 172.

12 Ibidem, p. 168; Entrevista "Um país frustrado", *O Tempo*, 19.12.1999, p. 4.

muito devagar e se baseou em dimensões que não têm a ver com a história política do país: futebol, carnaval e natureza edênica.[13] Esse esforço de sondar a alma da nação através da análise da escassez de substância democrática na construção da República desvela, em sua obra, a dramática persistência de nosso impasse entre sonho e realidade. Ou, como ele mesmo diz em uma entrevista concedida em 2000, quando trata das encruzilhadas que o Brasil tinha pela frente no exato momento em que o país celebrava quinhentos anos do Descobrimento: "Somos marcados por uma profunda contradição. De um lado herdamos de Portugal o sonho de nos tornarmos um grande império, batizado por Vieira de 'Quinto Império', rebatizado pelos militares de Brasil 'Grande Potência'. De outro lado, temos demonstrado sistematicamente nossa incapacidade para construir esse Império [...]. Entre o sonho de grandeza e a incapacidade de ser grande germina a frustração". Evidentemente José Murilo não tinha como saber o futuro, mas, o arremate da entrevista soa profético: "Já que somos incapazes de construir nossa grandeza, quem sabe se um novo d. Sebastião não o pode fazer por nós?", desabafou.[14]



Essa espécie de reflexão do inverso por vezes sardônica é típica do pensamento de José Murilo de Carvalho. Ele se utiliza dela, sobretudo, para calibrar uma preocupação permanente, que reaparece tanto na forma da pesquisa quanto como objeto de reflexão, em todos os livros que escreveu após a publicação de sua tese de doutorado: no Brasil, aspirações democráticas e republicanas existem e são formuladas ao longo da história, mas não se fazem acompanhar das ações apropriadas para sua efetiva realização. Sua insistência em deslindar o impasse que o país experimenta até hoje entre República e democracia – e, além disso, compreender as razões da nossa incapacidade em acoplar uma à outra – ajuda a conhecer melhor seus pontos de interesse e entender os motivos de sua obra estar fortemente concentrada em quatro grandes temas: a construção do Estado Nacional; a tópica da República; o grau de participação política das camadas populares; e as dificuldades encontradas pela sociedade brasileira no longo processo de construção da cidadania no país. Talvez seu primeiro livro, *A Escola de Minas de Ouro Preto: o peso da glória*, seja uma exceção; mas só em parte. Afinal, narrar a criação da Escola de Minas foi o primeiro encontro de José Murilo com a his-

13 José Murilo de Carvalho, "Terra do Nunca: sonhos que não se realizam", in Leslie Bethell (org.), *Brasil: fardo do passado, promessa do futuro*. Rio de Janeiro: Civilização Brasileira, 2002, p. 50 e seguintes.
14 Entrevista com José Murilo de Carvalho, in J. G. Couto, *Quatro autores em busca do Brasil*. Rio de Janeiro: Rocco, 2000, pp. 23-4.

tória de um Brasil oitocentista, pouco afeito às transformações geradas pelo ensino moderno de engenharia e pela pesquisa tecnológica e, ao mesmo tempo, quase visionário na disposição de apostar na emergência do pensamento científico para provocar uma grande transformação na vida econômica e política nacional.[15]

Encerrado o período em Stanford, José Murilo cuidou de reorientar o eixo de suas pesquisas e o enredo que queria dar à sua historiografia. Mudou o foco, decerto; e sua base de observação se desloca de modo a dar conta de tantos outros assuntos. Com o tempo, ele foi montando uma estrutura engenhosa de encaixe dos temas, embutidos uns dentro dos outros: do Estado para a nação, da elite para a relação entre o povo e o poder, do final do Império para o início da República. A estrutura de engate é estratégica e vai conduzir o fio da sua produção intelectual, mas esse fio não segue em linha reta. Não por acaso, em 2012 José Murilo coordena uma coletânea de ensaios intitulada *A construção nacional 1830-1889*, voltada para a análise do período histórico no qual se forjaram alguns traços marcantes para o Brasil e para a América hispânica – a natureza da sociedade, do governo e da cultura. Em sua obra, esse é o momento em que se torna possível recompor algumas chaves interpretativas do Brasil: a unidade política, a continuidade econômica e social, a monarquia presidencial e uma cultura partida[16]. Já a publicação de *O pecado original da República*, em 2017, sua mais recente coletânea de ensaios, confirma o percurso. A trama do livro não tem nada de linear e está enunciada em três grandes blocos: a participação popular no período republicano; as revoltas do povo; o perfil de um pequeno punhado de personagens que atualizam a aventura nacional brasileira, cada um à sua maneira – incluindo, por exemplo, o compositor popular, protagonista na construção de uma narrativa característica sobre o Brasil.[17]

Entre a tese de doutorado e a publicação de *O pecado original da República*, houve continuidade, mas, sem dúvida, também ocorreu uma ruptura. Em 1978, José Murilo despede-se da UFMG e se transfere para o Rio de Janeiro. A quebra começou aí. "Fiquei exposto a um mundo cul-



15 José Murilo de Carvalho, *A Escola de Minas de Ouro Preto: o peso da glória*, Belo Horizonte: Editora UFMG, 2002.

16 José Murilo de Carvalho, "As marcas do período". In José Murilo de Carvalho, *A construção nacional 1830-1889*, v. 2. Rio de Janeiro: Objetiva/ Fundación Mapfre, 2012.

17 José Murilo de Carvalho, "Brasil de Noel a Gabriel", in *O pecado original da República*. Rio de Janeiro: Bazar do Tempo, 2017.

tural e acadêmico muito mais rico do que o de Belo Horizonte e onde o *Jornal do Brasil*, graças a alguns de seus editores da época, me ajudou a reaprender a escrever e a ter acesso a um público mais nacional", ele confirma.[18] Além disso, a vivência profissional cotidiana em duas instituições de pesquisa do Rio de Janeiro – a Casa de Rui Barbosa e o Centro de Pesquisa e Documentação de História Contemporânea do Brasil (CPDOC) – foi decisiva para a ampliação dos temas e o amadurecimento da sua historiografia.[19]

No início dos anos 1980, José Murilo afivelou as malas para uma nova temporada nos Estados Unidos – desta vez no Instituto de Estudos Avançados de Princeton. A estadia consolidou de vez a ruptura e o levou a fazer algumas escolhas conceituais e metodológicas que se tornaram características da sua historiografia. Uma delas, talvez a mais evidente em seus trabalhos: a ênfase na importância da imaginação e da multiplicidade das fontes como ferramentas capazes de tornar flexível o campo da História, transbordar os limites estreitos da especialização e convidar o historiador a travar diálogos improváveis e não antecipados com outras áreas de conhecimento. Suas escolhas não foram feitas ao acaso. Princeton era outro mundo, conforme ele gosta de contar. "Um paraíso com o qual sonham todos os pesquisadores. Os convidados eram pagos para fazer, durante um ano, aquilo que lhes dava na telha, havia uma liberdade total. Parte dessa minha mania de não respeitar muito as fronteiras disciplinares veio de lá, como veio o interesse pela história da arte".[20]



O Instituto era mesmo um fervedouro de ideias. Em Princeton, José Murilo conviveu com a historiadora canadense Natalie Zemon Davis, uma das responsáveis por recolocar em pauta os estudos biográficos no campo da historiografia contemporânea, com o livro *O retorno de Martin Guerre*.[21] Estavam também por lá, na mesma época, o historiador Lawrence Stone, que construiu a estrutura metodológica para a recu-

**18** Entrevista com José Murilo de Carvalho, in J. G. V. de Moraes e J. M. Rego op. cit., pp. 175-6.

**19** Entrevista "José Murilo de Carvalho: a formação de uma alma histórica", *História & Memória*. Rio de Janeiro, Instituto de Filosofia e Ciências Sociais da Universidade Federal do Rio de Janeiro, set. 1998, nº 7, pp. 3-4. Parte dos resultados da pesquisa que realizou no CPDOC foi publicada pela editora da Fundação Getúlio Vargas, em 1999, sob o título de *Cidadania, Justiça e Violência*, livro organizado por Dulce Pandolfi, José Murilo de Carvalho, Leandro Carneiro e Mário Grynszpan.

**20** Entrevista "José Murilo de Carvalho: a formação de uma alma histórica", *História & Memória*, op. cit., p. 4.

**21** Natalie Zemon Davis, *O retorno de Martin Guerre*. Rio de Janeiro: Paz e Terra, 1987.

peração do uso da narrativa histórica,[22] além do antropólogo Clifford Geertz e do historiador Robert Darnton, a dupla que aproximou história e antropologia. José Murilo ficou fascinado ao ouvir Darnton expor, durante o almoço, a arquitetura do livro que escrevia sobre os violentos rituais praticados por artesãos franceses no século XVIII, estudo que deu origem a *O grande massacre de gatos*;[23] e possivelmente andou se inspirando em Darnton e Geertz para construir um jeito próprio de destravar a linguagem na hora de contar uma boa história ou no modo de análise de um microfenômeno – um ritual, uma obra, um evento para encontrar as características da sociedade dentro da qual ele ocorre. Em resumo, ele pôde sentar-se à mesa com físicos, economistas, historiadores e antropólogos de todas as partes do mundo: cada convidado do Instituto tinha, no mínimo, uma excelente ideia para contar aos colegas. Também andou jogando futebol com pesquisadores indianos – um deles, gênio da matemática, era perna-de-pau, e naturalmente essa é a explicação para as inúmeras derrotas sofridas pelo time.[24]

De volta ao Brasil, José Murilo publica *Os bestializados: o Rio de Janeiro e a República que não foi*, em 1987, um livro diferente de tudo o que tinha escrito até então. A instalação da República é um momento exemplar para analisar os procedimentos de formação do cidadão e identificar as raízes históricas que permitem entender qual seria a concepção de cidadania e como ela se realizou em termos práticos no Brasil, em especial entre as camadas populares.[25] Afinal, esse foi o momento em que ocorreu a primeira grande mudança de regime político após a Independência, e a República se apresentava, ao menos na voz de seus propagandistas radicais, como um sistema de governo disposto a trazer o povo para o centro da vida pública – na melhor tradição da Revolução Francesa de 1789, aliás.




O Rio de Janeiro, por sua vez, era a maior cidade do Brasil, além de ser sua capital política e administrativa. O modo como a população carioca se comportava na cena pública tinha consequências praticamente em todo o território nacional. Além disso, se a conjuntura da transição

**22** Lawrence Stone, "The Revival of Narrative: Reflections on a New Old History", publicado na revista *Past &Present*, n. 85, nov. 1979, Oxford University Press.

**23** Robert Darton, *O grande massacre de gatos e outros episódios da história cultural francesa*. Rio de Janeiro: Graal, 1984.

**24** Entrevista "José Murilo de Carvalho: a formação de uma alma histórica". *História & Memória*. p. 4.

**25** José Murilo de Carvalho, *Os bestializados: o Rio de Janeiro e a República que não foi*. São Paulo: Companhia das Letras, 1987.

do regime político não produziu suas próprias matrizes de pensamento republicano, ela também não deixou de abrir as janelas do país para a circulação livre de ideias, inclusive as radicais – por exemplo, o anarquismo e o socialismo –, responsáveis por desenvolverem várias concepções de cidadania, nem sempre compatíveis entre si. A articulação entre os três temas – o regime republicano; a cidade do Rio de Janeiro; a incorporação das camadas populares à cidadania – tinha tudo para ser positiva e forneceria o fermento político das liberdades civis, a base necessária para a inclusão do povo no mundo público.

Então, o que deu errado? Basicamente, o enredo desafinou por força da ausência de atores para representá-lo, esclarece José Murilo de Carvalho. Isso aconteceu por duas razões. Em primeiro lugar, a República, no Brasil, consolidou-se sobre um mínimo de participação eleitoral, vale dizer, sobre a exclusão das camadas populares de envolvimento nos assuntos de governo. Os vitoriosos do Quinze de Novembro construíram o mecanismo que garantia voto apenas a quem eles julgavam confiável para a tarefa da preservação da sociedade. Somado a isso, a Constituição de 1891 deixou boa parte da população brasileira do lado de fora da República: excluiu escravizados libertos e pobres – pela exigência de alfabetização, já que os analfabetos não poderiam votar –, além dos mendigos, praças de pré, membros de ordens religiosas, menores de 21 anos. Os constituintes não precisaram tratar da participação feminina: as mulheres já estavam excluídas pela Lei Eleitoral de 1890. A segunda razão é consequência da relação atípica que a República construiu com o Rio de Janeiro e que se realizou politicamente na contramão da experiência histórica europeia. Entre nós, a República neutralizou a cidade reprimindo a emergência da população urbana na cena pública. O motivo? "O povo não se enquadrava nos padrões europeus", explica José Murilo, "nem pelo comportamento político, nem pela cultura, nem pela maneira de morar, nem pela cara".[26]



Mas esse povo não tinha nada de apático ou bestializado, não era espectador e muito menos figurante, argumenta José Murilo. E isso teve consequências. Impedida de ser República, a cidade criou suas repúblicas – os nódulos de participação social que surgiram em determinados bairros, associações, irmandades, grupos étnicos, igrejas, festas religiosas e profanas, cortiços e maltas de capoeiras. Foi assim que negros livres, ex-escravizados, imigrantes, proletariado e mesmo os setores mé-

**26** José Murilo de Carvalho, *Os bestializados: o Rio de Janeiro e a República que não foi*, *op. cit*, p.162.

dios urbanos que surgiram após 1850 em cidades maiores, como Rio de Janeiro, Recife ou Salvador, aos poucos foram encontrando um espaço comum de auto-reconhecimento e propiciaram a construção de uma identidade coletiva para a cidade.

O mundo subterrâneo da cultura popular foi engolindo, devagar, o mundo sobreterrâneo da cultura das elites, mas a tensão política cresceu com rapidez no Rio de Janeiro, a capital da República. O sistema político formal funcionava a pleno vapor; o regime republicano, contudo, não abriu espaço para a manifestação da opinião pública nem forneceu canais legítimos de participação – comportava-se como se a cidade não tivesse povo. Foi então, conta José Murilo, que as camadas populares resolveram agir politicamente na cena pública, mas fora dos canais oficiais, e começaram a pipocar greves, arruaças, quebra-quebras. Explodiram, em formato alternativo, os focos de tensão e revolta – as "repúblicas renegadas pela República", para usar a definição precisa do autor quando se refere, por exemplo, ao episódio de Canudos ou ao Contestado. E, é claro, José Murilo não vai perder a chance de levar seu leitor a visitar uma dessas repúblicas: as barricadas de Porto Artur, a cidadela inexpugnável na rua da Harmonia, no bairro da Saúde, que em 1904 inspirou medo à outra República, durante a Revolta da Vacina, no Rio de Janeiro.



A essa altura do livro, seria fácil acontecer um escorregão e a análise cair na armadilha populista: mitificar o povo e desqualificar furiosamente a elite – de preferência, as forças dominantes do Brasil agrário, que mantinham as desigualdades e sustentavam o modelo excludente de República. Teria azedado a história toda, mas não é o que acontece. De sua parte, os setores populares reagiam, acionavam o sentido integrativo de solidariedade e concretizavam suas próprias experiências de vida numa comunidade autogovernada. O problema, contudo, é que nada disso passava pelos mecanismos institucionais da política, constata José Murilo. A revolta explode, chega eventualmente a paralisar a ação do governo, mas não tem maiores consequências: não consegue forçar a criação de políticas públicas nem alcança a democratização da República.

O assunto ganhou importância para José Murilo, que continuou a retomar a questão da exclusão política das camadas populares em seus escritos e passou e passa a refletir sobre o tema em uma perspectiva histórica ampla. Por exemplo: persiste no cenário contemporâneo, um traço característico dos protestos e grandes mobilizações populares. Na pratica, ele diz, os eventos crescem, estrondam nas ruas, mas são incapazes de deitar suas raízes. E como desaparecem rapidamente da memória nacional, não se transferem para o campo da política institucional, nem contribuem para formar consciência cívica. "A primeira grande campanha cívica da história do país foi a do abolicionismo", ele aponta. Mas o impulso participativo morreu com a Abolição. A campanha não teve sequência, e "os poucos que insistiram na argumentação de que a Abolição era o primeiro, e não o último, ato em favor da integração dos ex-escravos, como André Rebouças, clamaram no deserto". E alerta o leitor para a importância do que estava à sua frente: "As duas grandes campanhas cívicas recentes, a das Diretas e a do impedimento [do presidente Fernando Collor] foram pontuais, com objetivos precisos e de curta duração. Não tiveram sequência e não produziram nenhuma forma organizacional nova".[27]

Tudo muito claro: existem aspectos da democracia que a República brasileira não resolveu. José Murilo, contudo, não se dá por satisfeito. Quatro anos depois, em 2001, publica o primeiro trabalho inteiramente dedicado ao tema da exclusão popular. *Cidadania no Brasil: o longo caminho*, como o nome indica, desenha o percurso arrevesado para construção da cidadania no país. O livro examina a politização da liberdade e a noção de igualdade ao tempo do Brasil independente, passa pelo Império, atravessa a República e deságua na contemporaneidade. Com um detalhe: nas edições mais recentes, acrescentou um novo prefácio – "A história prega uma peça" –, que escreveu no calor do momento, sobre as manifestações que reuniram milhares de pessoas em 2013, varreram doze capitais e as grandes cidades brasileiras e revelaram um sentimento de insatisfação e de frustração, além de uma agenda meio caótica e contraditória por mudanças.[28]



Seguir o percurso da cidadania no Brasil significava retomar, ao menos em parte, alguns dos problemas que ele enfrentou ainda na tese de doutorado; em especial a relação dos brasileiros com o Estado e com a nação. Ser cidadão é ser membro de um corpo político mais amplo, é pertencer a alguma unidade. As coisas nem sempre aparecem juntas, José Murilo argumenta, mas as pessoas se tornavam cidadãs à medida que se identificavam com uma nação e desenvolviam formas de lealdade ao Estado. O fenômeno da cidadania é complexo, historicamente

**27** Entrevista com José Murilo de Carvalho, in José Geraldo Couto, *Quatro autores em busca do Brasil*, op. cit., pp. 21-2.

**28** José Murilo de Carvalho, *Cidadania no Brasil: o longo caminho*, Rio de Janeiro: Civilização Brasileira, 2014.

definido, expressa o ideal emancipacionista e converge para uma comunidade de expectativas e de reivindicações. Isso significa dizer que, em alcance, cidadania está intimamente relacionada a procedimentos da construção democrática no país. Além disso, cada país tem seu jeito, se movimenta num caminho próprio e nem sempre esse caminho segue numa direção única. No Brasil, são pelo menos duas particularidades, sublinha José Murilo. Uma, indica que a ênfase na construção do catálogo de direitos – o parâmetro por onde se pode avaliar a qualidade da cidadania em um país e em cada conjuntura histórica – recaiu sobre os direitos sociais, em detrimento dos direitos civis e dos direitos políticos. A outra, mostra alteração na sequência em que os direitos foram incorporados: o social precedeu os demais.

A pirâmide dos direitos está de cabeça para baixo, ele conclui. A inversão afeta a qualidade da cidadania, o tipo de cidadão que se gera e a eficácia da democracia. Numa ponta, sobrevive a excessiva valorização do Executivo, e a ação do cidadão é orientada para a negociação direta com o governo, sem passar pela mediação dos partidos e da representação parlamentar – é a "estadania", como ele batizou, em oposição à cidadania, uma cultura orientada mais para o Estado e menos para a representação. Essa cultura fornece ingredientes autoritários, incentivando grupos sociais a saírem em busca de um messias político e contribuindo para a desvalorização do Legislativo e de seus titulares – além de alimentar um comportamento corporativo na sociedade, sobretudo quando entram no jogo político os interesses coletivos e os direitos e privilégios distribuídos pelo Estado. Na outra ponta, cresce a incapacidade do sistema representativo de produzir políticas públicas capazes de garantir redução no quadro das desigualdades e de suprimir os mecanismos geradores de hierarquias sociais a partir de educação, renda, gênero ou cor.

*Cidadania no Brasil: o longo caminho* é seu livro mais popular, deliberadamente escrito para o público não especializado. Mas a composição de sua escrita já está praticamente pronta em *Os bestializados*. José Murilo adotou um estilo literário difícil de definir, no qual combina e equilibra diversos ingredientes: descrição factual; enredo encaixado a partir de um conceito – por exemplo: cidadania, República, democracia, ação política, espaço público –; reconhecimento do detalhe, do dissonante, do descontínuo como essencial para compreensão do argumento; análise interessada em explorar a dimensão política do acontecimento. Nem propriamente ensaio, nem bem narrativa, o método de sua escrita é inconfundível e transborda os limites do historiador para dialogar com outras áreas de conhecimento, em especial a Teoria Política e a Sociologia. Por último, a análise costuma ser contundente, mas na interpretação, por vezes, ele deixa escapar um comentário bem-humorado, irônico, fino e típico.

A outra marca original de sua escrita vem do uso intensivo e da multiplicidade de fontes. O uso de fontes improváveis – e, por vezes não categorizáveis – para produzir conhecimento claro sobre o passado, em melhores condições e de forma mais abrangente e profunda, aparece pela primeira vez em *Os bestializados*. José Murilo se apoiou nesse tipo de fonte para desenvolver sua análise das práticas políticas populares: samba, carnaval, festas religiosas – a festa da Glória e da Penha –, sociedades religiosas e de auxílio mútuo, crônicas, o teatro de revista carioca. Mas foi em seu trabalho seguinte, *A formação das almas: o imaginário da República no Brasil*,[29] publicado em 1990, que ele apostou fortemente na iconografia para examinar as fontes simbólicas utilizadas pelos republicanos na tentativa de legitimar a ideia de República no país.

O fio desse livro também começou a ser desenrolado em *Os bestializados*. Se a implantação da República ocorreu com participação popular reduzida, ele se pergunta, alguma coisa deve ter sido feita por parte dos vitoriosos do Quinze de Novembro de 1889 para tornar o novo regime mais popular e legítimo. Seria necessário realizar um esforço continuado de *formação das almas*, isto é, de constituição de uma opinião pública favorável a partir da difusão ampla de um modelo doutrinário e simbólico. E se o propósito era atingir setores muito amplos da população, não iria adiantar grande coisa desenvolver esse esforço por meio da linguagem escrita, ao menos num país com mais de 80% de analfabetos. José Murilo decidiu então analisar outras linguagens capazes de acionar um imaginário coletivo: as obras de arte, os monumentos públicos, a arquitetura, os símbolos nacionais republicanos – o hino e a bandeira –, o uso de certas alegorias, especialmente a alegoria feminina da República, a produção de um mito de origem, a criação de heróis.

Mas não ficou nisso. *A formação das almas: o imaginário da República no Brasil* revela as linguagens e as ferramentas simbólicas por meio das quais, os republicanos tentaram alcançar a imaginação popular, criar uma cultura política favorável ao novo regime e expandir sua base



29 José Murilo de Carvalho, *A formação das almas: o imaginário da República no Brasil*. São Paulo: Companhia das Letras, 1990.

de legitimidade. Entre eles, existiam basicamente três grupos: "liberais republicanos" – como se autonomeavam –, jacobinos e positivistas de diversos matizes, inclusive ortodoxos. A vertente jacobina investiu pesado na simbologia originária da Revolução Francesa, sobretudo na alegoria feminina da República e na força de mobilização do hino francês – costumavam cantar a "Marselhesa" pelas ruas do Rio de Janeiro a plenos pulmões. Os mais empenhados, porém, foram os positivistas que conseguiram formular claramente uma concepção de República e acoplaram a ela um projeto de utilização da arte como ferramenta de doutrinação política: formaram pintores e escultores e alcançaram razoável sucesso na prática da manipulação simbólica – por exemplo, o caso do hino nacional e da bandeira brasileira.

José Murilo ainda iria aprimorar um pouco mais a excelência do historiador no uso das fontes improváveis. Numa tarde em 1985, visitando o Museu de Arte Regional de São João Del Rei, ele deparou com duas toalhas bordadas, de autoria de João Cândido Felisberto. Levou um susto; aquele não era um personagem qualquer. João Cândido foi o marujo-líder da Revolta da Chibata, o descendente de escravizados que enfrentou o uso de açoites na Marinha de Guerra do Brasil, desafiou a oficialidade e apontou os canhões de três encouraçados – *Minas Gerais*, *Bahia* e *São Paulo* – para a cidade do Rio de Janeiro. Marujos remendam velas e sabem costurar, mas bordar?, deve ter se perguntado, meio perplexo. Intrigado, ele se lembrou de Princeton, recordou a análise das brigas de galos, em Bali, feita por Clifford Geertz, ou do livro sobre o massacre dos gatos, de Robert Darnton, e resolveu arriscar. Sustentou os bordados como fonte historiográfica e, a partir deles, construiu um perfil inédito de João Cândido – compôs um texto capaz de se movimentar entre o presente, em que se rememora, e o passado, que se recupera.



Fazer perfis é tão difícil quanto escrever uma biografia convencional. A chave de um perfil construído por José Murilo está no detalhe. Ele examina minuciosamente o personagem, às vezes durante anos, até encontrar um pormenor que o leitor talvez não conheça ou nem sequer imagine, e que pode ser tão singular e especial que se torna inesquecível na imaginação de quem lê. É uma técnica de perito e costuma funcionar – ao menos quando utilizada por ele. É fácil verificar. Nenhum de seus leitores desconhece o peso da solidão de João Cândido, preso num porão, na ilha das Cobras onde muitos de seus companheiros encontraram a morte, soturno, a bordar – as duas toalhas, ele as deu a um jovem soldado de São João Del Rei designado para servir de guarda na prisão.[30] Ninguém que o tenha lido consegue se esquecer do anjo torto de Carlos Drummond de Andrade soprando a Euclides da Cunha: "Vai, Euclides, ser gauche na vida". E ele foi. No Exército, na Engenharia, no casamento. "Era o mais sublime e genial dos gauche",[31] escreveu José Murilo; nunca se adaptou ou encontrou um paradeiro fixo. Tampouco seu leitor deixará de rememorar a absoluta coerência e constância de José do Patrocínio na luta pela Abolição e sua capacidade de encarná-la na própria personalidade – "falava e escrevia com o coração nos lábios", diz o título do perfil.[32]

Talvez o ponto mais original da obra de José Murilo seja seu encontro com esses personagens, homens e mulheres, cujas vidas ele escolheu registrar e difundir. As biografias, por sua natureza, concentram-se em uma vida única – uma *bios*. Essa vida, contudo, está dobrada dentro de uma história maior. Impressionado com o poder do esquecimento, José Murilo nunca deixou de andar às voltas com a linha difusa da biografia, o resgate da experiência daqueles que viveram os fatos, o reconhecimento, nessa experiência, de seu caráter quebradiço e inconcluso e com a interpelação de sua significação histórica geral. Publicou pouco – apenas três biografias. A primeira, *D. Pedro II*, pode parecer uma extravagância do autor, disposto a retornar, mais uma vez, ao tema do Estado e da nação – um leitor um tanto malcriado há de perguntar ao historiador se já não existem biografias suficientes do imperador e se já não se conhece satisfatoriamente sua vida. Aparentemente sim. Mas alguma coisa ainda pode se alterar na cabeça desse leitor impertinente depois de entrar em contato com o livro publicado em 2007.



Na realidade, José Murilo desmembrou seu personagem em dois, arquitetou duas biografias no lugar de uma, e seus biografados estão em conflito permanente. Um deles é o imperador Pedro II, meio burocrata, mas com alma de patriota, que governou o Brasil por quase meio século, de 1840 até a proclamação da República, em 1889. Pedro de Alcântara, o outro biografado, era um sujeito cheio de contradições, que gostava de ler e sonhava em ser um cidadão do mundo. O biógrafo escarafunchou a vida dos dois Pedros durante anos e compôs para o livro um tex-

**30** José Murilo de Carvalho, "Os bordados de João Cândido", in *Pontos e bordados; escritos de história e política*, Belo Horizonte: Editora UFMG, 1998.

**31** José Murilo de Carvalho, "Euclides da Cunha e o Exército". In: *Forças Armadas e política no Brasil*. São Paulo: Todavia, 2019, p. 204.

**32** José Murilo de Carvalho, "Com o coração nos lábios". In: *Pontos e bordados: escritos de história e política*, op. cit., p. 423 e seguintes.

to narrativo – provavelmente sua única incursão no gênero. Deu certo. A narrativa flexiona e atraí duas pontas extremas: a trajetória pessoal de um indivíduo e o sentimento do tempo vivido pelos homens. O texto é certeiro, ao mesmo tempo leve e contundente, e o ritmo meio hipnotizante da narrativa revela que os dois biografados conseguiram conviver, ainda que em permanente tensão. Foi a paixão pelo Brasil, explica José Murilo. E arrematou: era isso que o imperador compartilhava com o sujeito meio cosmopolita que parecia não combinar com seu próprio país – a força de um afeto.

A segunda biografia ele dividiu com as irmãs – Maria Selma de Carvalho e Ana Emília de Carvalho. *Histórias que a Cecília contava*[33] foi escrita a seis mãos com o propósito de recuperar o mundo dos contos de fada europeus – depois de filtrado pelo cotidiano oitocentista das fazendas mineiras e transposto para a linguagem oral dos descendentes de escravizados. Maria Cecília de Jesus era lavadeira na fazenda de Santa Cruz, onde José Murilo nasceu, em Piedade do Rio Grande, região de pecuária leiteira, no Campo das Vertentes, em Minas Gerais. Encerrado o jantar, às cinco da tarde, ela se tornava o centro das atenções: no chão de terra batida da cozinha, ao redor de um pequeno fogo, Cecília contava histórias para a criançada atenta: José Murilo, seus oito irmãos e quem mais estivesse por lá. Dava voz aos personagens, imitava os sons, gesticulava, na melhor tradição dos contadores de história africanos.




*Histórias que a Cecília contava* trata da arte de contar histórias. O livro foi construído a partir de duas indagações originais. A arte de contar histórias – no caso de Cecília – está vinculada à tradição africana. De europeu só havia a origem dos contos e a língua portuguesa. "Cecília vestia suas histórias de linguagem popular puramente brasileira", anota José Murilo, "com um reforço mútuo das fonéticas do português arcaico e de línguas africanas, ao lado da hegemonia das vogais: *pegar* vira *pegá*, *mais* vira *mai*, *dois figos* viram *dois figo*". A inclusão dos contos no livro, narrados pela sobrinha de Cecília, Maria das Dores, que deu sequência à tradição da família, permite ao leitor acompanhar as alterações na língua e na arte de contar. O grande problema, contudo, dizem os autores, é saber como se formou o repertório dessas contadoras de histórias, já que apenas dois dos contos são de origem africana; a maioria provém da Europa, sobretudo Portugal, e alguns são de origem indígena.

33 Maria Cecília de Jesus; Maria das Dores Alves, *Histórias que a Cecília contava*, Maria Selma de Carvalho; José Murilo de Carvalho; Ana Emília de Carvalho (orgs.), Belo Horizonte: Editora UFMG/ Instituto Cultural Amílcar Martins, 2008.

A outra indagação dos autores desperta ainda mais curiosidade no leitor. É possível detectar, afinal, os momentos em que o escravizado de origem africana se apropriou de um patrimônio cultural europeu e indígena, misturou isso ao africano e passou a divulgar o resultado da mistura? Difícil saber. Mas sempre se pode especular. Em algum lugar, em algum momento, em alguma fazenda, alguém familiarizado com a tradição europeia transmitiu os contos de fadas a um antepassado – ou antepassada – de Cecília, que os decorou e passou adiante. Como esses antepassados já podiam estar em Minas desde o final do século XVIII, eles tiveram tempo suficiente para aprender o português e absorver o repertório. São apenas conjecturas. Não existem evidências, confirma José Murilo; ainda não se sabe o bastante para esclarecer a natureza dos contatos culturais dentro da escravidão. Há um elo perdido em nossa história, segundo sua conclusão.

Cecília não foi a única personagem feminina que José Murilo ajudou a escapar das sombras do passado e voltar à tona em um livro. *Jovita Alves Feitosa: voluntária da pátria, voluntária da morte*,[34] publicado em 2019, é um esboço biográfico de uma figura histórica que não deixou quase nenhuma documentação própria – exceto três registros confiáveis com declarações suas. Nasceu em 1848, no interior do Ceará, mudou-se para Jaicós, um vilarejo no Piauí, e era uma adolescente de dezessete anos quando tomou conhecimento da Guerra do Paraguai e do apelo do governo imperial dirigido à população, pedindo voluntários. Indignada com as crueldades praticadas pelas tropas paraguaias contra as mulheres brasileiras na invasão da província do Mato Grosso, em 1864, que deu início à guerra, Jovita decidiu voluntariar-se. Cortou os cabelos com uma faca, se vestiu de homem, alistou-se e foi aceita no posto de segundo-sargento. Quando seu disfarce foi descoberto, ela não teve dúvida: anunciou em alto e em bom som que não pretendia ser enfermeira ou prestar serviços considerados femininos. Voluntariou-se para matar paraguaios e vingar mulheres brasileiras abusadas pelo inimigo, explicou às autoridades, muito segura de si.

Virou a Joana d'Arc brasileira, conta José Murilo. Foi exaltada pelo Brasil afora, ganhou versos e aplausos, fez um percurso triunfal até o Rio de Janeiro. Mas, em pleno século XIX, numa sociedade conservadora e hierarquizada até mais não poder, trucidar paraguaios não




**34** José Murilo de Carvalho, *Jovita Alves Feitora: voluntária da pátria, voluntária da morte*, São Paulo: Chão Editora, 2019.

era coisa para mulher, e quando a Secretaria da Guerra recusou sua incorporação como combatente, ela se desorientou; sua vida a partir daí é cheia de pontos cegos, confirma o biógrafo. Então, em 1867, com apenas dezenove anos, matou-se com um punhal – por amor. Jovita é uma mulher gloriosa, trágica, valente, apaixonada, e sua história não diz só sobre ela; fala também das apropriações que dela se fizeram e se continuarão a fazer. A grande proeza do livro é esta: combinar o rigor da pesquisa, capaz de tirar o máximo proveito das fontes escassas, com a sensibilidade do biógrafo, preocupado em se aproximar da personagem e entender sua complexidade – seus sonhos e sua luta, como ele escreveu. Não deve ter sido fácil a tarefa de distinguir, na medida do possível, fato e mito. Jovita era uma "mulher polissêmica", como José Murilo a definiu, aberta a múltiplas leituras: desafiou o papel feminino determinado pela sociedade patriarcal, foi exaltada como heroína da pátria e desclassificada como mulher pública no sentido moral predominante então – tudo ao mesmo tempo. Um jornalista anônimo da época simplesmente desistiu da tarefa de retratá-la, conta o livro: "Dizem que é uma moça, mas uma moça que é um homem; dizem que é um sargento, mas um sargento disfarçado". E se ela for uma feiticeira?, desesperou-se.

Nas duas biografias femininas que escreveu, José Murilo teve o cuidado de reproduzir integralmente as fontes inéditas, pouco conhecidas ou dispersas. Na saga de Jovita, ele dividiu os documentos de época de acordo com a trajetória da personagem e, com um pouco de imaginação, o leitor quase consegue escutar a voz da biografada. No caso das histórias contadas por Cecília, isso é literalmente possível: o livro é acompanhado por um CD, em que a voz da sobrinha da contadora foi gravada. É claro que valia à pena reeditar as fontes, tanto pela originalidade quanto pelo sabor dos contos de Cecília, ou pela riqueza de informações que trazem sobre a época em que Jovita viveu. Mas, na obra recente de José Murilo, a reunião e reprodução das fontes têm também o propósito de expandir o foco e o alcance dos documentos, permitindo que outros historiadores revelem novas dimensões dos acontecimentos. "O pessoal do Cinema Novo receitava 'uma ideia na cabeça e uma câmara na mão'; o historiador tem que ter muitas ideias na cabeça e muitos documentos na mão",[35] ele explica com bom humor.



**35** Entrevista de José Murilo de Carvalho, "No furacão da História", in José Murilo de Carvalho, *O pecado original da República*, op. cit., p. 288.

José Murilo leva a receita a sério. Em parceria com dois colegas do Rio de Janeiro – Lúcia Maria Bastos Pereira das Neves e Marcello Basile –, saiu à cata dos panfletos escritos à época da Independência do Brasil. Por mais de dez anos, os três historiadores vasculharam bibliotecas, coleções e arquivos de Portugal, Brasil, Estados Unidos e Uruguai procurando pelos "pasquins" ou "papelinhos", como se dizia para designar, nas primeiras décadas do século XIX, em Portugal e no Brasil, uma grande diversidade de escritos e comentários políticos. Panfletos podem ser manuscritos ou impressos, geralmente circulam na forma de folhas individuais ou folhetos, sem lombada ou capa, com costura frouxa e número variado de páginas, e costumam ter entre uma e cinquenta páginas. Provavelmente nunca saberemos quantos panfletos foram escritos nesse período, mas o trio reuniu uma coleção respeitável – 32 manuscritos e 362 impressos, publicados em 2012 e 2014 respectivamente.[36]

Um panfleto pode trazer texto em prosa ou verso. Também incorpora uma grande variedade de gêneros. À época da Independência, assumiram a forma de cartas, ensaios sobre política, sermões, orações, discursos, diálogos, catecismos, dicionários, manifestos proclamações, protestos, apelos, elogios e poemas. Produzidos tanto por brasileiros separatistas como por partidários da Monarquia portuguesa, os panfletos travaram uma "guerra literária", como então se dizia; circularam desde a Revolução Liberal do Porto até a independência completa do Brasil, efetivada em 1823, com a libertação da Bahia. Ocorreu um debate amplo, que não se limitou ao Rio de Janeiro e a Lisboa, nem ficou restrito à elite e aos letrados. Pela leitura dos panfletos, é possível avaliar o ambiente intelectual da época e a formação de um repertório político não apenas no plano da ordenação de ideias e constituição de vocabulário, mas também no âmbito das práticas simbólicas e da imaginação.



Em 2018, no livro *Clamar e agitar sempre: os radicais da década de 1860*,[37] José Murilo voltou a publicar uma coleção de documentos inéditos: uma série de conferencias públicas, depois conhecida como Conferências Radicais". Para completar, ele nos entrega uma de suas melhores análises sobre um dos capítulos mais intensos e menos conhecidos da

36 José Murilo de Carvalho; Lúcia Bastos; Marcello Basile (orgs.). *Às armas, cidadãos! Panfletos manuscritos da Independência do Brasil (1820-1823)*, São Paulo/ Belo Horizonte: Companhia das Letras/ Editora UFMG, 2012; e José Murilo de Carvalho; Lúcia Bastos; Marcello Basile (orgs.), *Guerra literária: panfletos da Independência (1820-1823)*, 4 v. Belo Horizonte: Editora UFMG, 2014.

37 José Murilo de Carvalho, *Clamar e agitar sempre: os radicais da década de 1860*, Rio de Janeiro: Topbooks, 2018.

vida pública brasileira. Nos anos de 1860, durante o Segundo Reinado, graças ao ativismo de um grupo de jovens dissidentes do Partido Liberal, temas e ideias novas entraram em circulação, e o debate sobre questões de interesse coletivo foi empurrado para fora da esfera político-institucional, deslanchando de vez na sociedade. Veio à tona um momento em que algo de novo, de radicalmente novo, pôde se desenrolar em nossa história: as raízes para fundação do espaço público no país finalmente encontraram o terreno adequado. Havia ali uma visão política diferente – democrática, reformista, moderna.

Jose Murilo de Carvalho costuma se definir como "uma mistura de sociólogo e cientista político com vocação de historiador". Convenhamos: não é pouca coisa. Mas José Murilo é bem mais do que isso. Vista em conjunto, sua obra revela a estrutura de encaixe dos temas, embutidos uns dentro dos outros e essa estrutura ganha perspectiva. É uma ordenação engenhosa: uma história dá ensejo a outra, que revela uma terceira, que pode destampar o enredo de mais uma história, e assim por diante. Não sabemos se ele já atinou para isso, mas esse tipo de estrutura tem filiação: está na origem da narrativa como gênero literário. A explicação é simples. A obra de José Murilo compõe uma longa, incisiva e reveladora narrativa sobre o Brasil – e sobre o desencontro do Brasil consigo mesmo. Contudo, falta uma epígrafe. Talvez o autor se reconheça – e à sua obra – no verso de Carlos Drummond de Andrade: "Meu país, essa parte de mim fora de mim/ constantemente a procurar-me."[38]




**38** Carlos Drummond de Andrade, "Canto brasileiro". In *As impurezas do branco*, Rio de Janeiro: Nova Aguilar, 1988, p. 429.

# ENTREVISTA COM JOSÉ MURILO

**Quando começaram a sair as suas primeiras obras, nos anos 1970, havia certo preconceito em relação aos estudos sobre o Império. Como se deu, portanto, o processo de escolha desse período?**

> *Ah, sim! (risos) Havia bem mais do que um* certo *preconceito. Mas, faço antes uma solicitação. Se por acaso eu usar palavras como "resiliência", "robusto", "lançar um olhar sobre", "resgatar", "narrativa", no sentido francês de versão, como está sendo usado hoje, e não no inglês de narração, se eu fizer isso, me cassem a palavras...*

*Dito isso, vamos lá. Quase tudo que escrevi não veio de projeto algum. Meu primeiro trabalho publicado foi sobre a luta de famílias em Barbacena [Minas Gerais]. Eu o fiz porque, em um exame oral de concurso para bolsa de estudos que a Faculdade de Ciências Econômicas da Universidade Federal de Minas Gerais mantinha, ao saber que minha família morava em Barbacena, o professor Fábio Lucas perguntou por que eu não escrevia sobre a briga de famílias da cidade, iniciada em 1930. Daí veio meu primeiro trabalho, que* **Orlando Carvalho,*** *uma pessoa extraordinária, publicou em sua*

***Orlando Carvalho** (1910-1998), jurista e professor. Exerceu cargos públicos no estado e foi reitor da Universidade Federal de Minas Gerais (UFMG), entre 1961 e 1964. Em 1956, criou a *Revista Brasileira de Estudos Políticos*, que veio a se tornar uma das maiores referências em Ciência Política no Brasil.

Revista Brasileira de Estudos Políticos, *então a melhor do Brasil em seu gênero. Eu era, na época, aluno do 3º ano do curso de Sociologia e Política, e ele se interessou pelo trabalho porque gostava dos temas de poder local, partidos e eleições. Colocar o trabalho de um aluno ao lado dos textos de grandes nomes da época, inclusive de autores estrangeiros, foi um gesto generoso que nunca esqueci.*

**Então o primeiro tema de pesquisa foi o jogo de forças políticas em Barbacena?**

> *Sim. Antes de começar a pesquisa, ouvi de um professor, Marcos Rubinger, antropólogo muito alinhado às teses do PCB [Partido Comunista Brasileiro]: "Vá lá e descubra o domínio do latifúndio". Eu fui, olhei e não descobri. Fui com o Marx da luta de classes na cabeça e voltei com Hélio Jaguaribe e sua ideia de "***estado cartorial***".* * *Em Barbacena, o poder político era baseado no controle dos empregos públicos municipais, estaduais e federais. Era uma cidade bipartida: dois times de futebol, dois jornais, duas rádios, duas escolas, tudo dividido entre o domínio dos Andradas e o dos Bias Fortes. Foi minha primeira lição dada pela pesquisa. O que eu tinha visto não coincidia com o que tinha aprendido. Outra lição veio de minha atividade política. Eu era da Ação Popular [AP]. A Conferência Nacional dos Bispos tinha um programa chamado Movimento de Educação de Base [MEB], que apoiava a formação de sindicatos rurais, em contraponto à ação de Francisco Julião com suas ligas camponesas. Com alguns colegas, me meti a fazer sindicatos rurais. Viajávamos sábados e domingos, e às segundas nos reuníamos para comparar a experiência com as teorias que apreendíamos na sala de aula. Logo descobrimos que havia vários tipos de camponeses ou trabalhadores rurais. Em regiões de pequenas propriedades, como Divinópolis, todos morriam de medo da reforma agrária de João Goulart, porque se espalhava que ia tomar as terras de todos. Em regiões de latifúndio, como Sete Lagoas, nos aconselhavam a não falar do assunto para não nos tornarmos vítimas de jagunços. No Vale do Aço, precisávamos segurar os plantadores de eucalipto que queriam começar logo a dar tiros.*

***Estado cartorial** é um conceito desenvolvido pelo cientista político Hélio Jaguaribe em seu artigo "Política ideológica e política de clientela", de 1950. Diz respeito a um Estado em que as funções públicas são utilizadas com o interesse de assegurar empregos e vantagens específicas a determinadas pessoas ou grupos. Seria um resultado típico da "política de clientela".

**A Faculdade de Ciências Econômicas incluía alunos de várias áreas?**
> *Havia o curso de Economia, o mais importante, o de Sociologia Política, e o de Administração. Eu frequentava o de Sociologia Política. Depois que saí tiraram de lá os sociólogos e os mandaram para a Faculdade de Filosofia e Ciências Humanas, talvez por estarem perturbando muito (risos).*

**Então você era filiado da Ação Popular?**
> *Era militante da AP e lia o Padre Vaz, grande especialista em Hegel, sobretudo seu* Documento de base. *Na AP, não me interessava pelo movimento estudantil, que achava improdutivo. Mas fazer sindicato rural me parecia relevante, como o demonstravam as Ligas Camponesas de Francisco Julião.*

**E foi nesse momento que publicou seu primeiro livro?**
> *Foi mais tarde. O primeiro livro que escrevi foi encomenda da Finep [Financiadora de Estudos e Projetos]. Simon Schwartzman, que era lá diretor de pesquisa, me convidou para fazer um livro sobre a Escola de Minas de Ouro Preto. Foi uma pesquisa de natureza histórica, feita em cima da documentação da instituição, sobretudo das atas da Congregação. A Finep publicou o livro, com uma honrosa apresentação de Francisco Iglésias [*A Escola de Minas de Ouro Preto: o peso da glória, *1978]. Professores e ex-alunos não gostaram muito porque, além das glórias da instituição, apontei também seu declínio.*

**Foi logo depois que o senhor começou a estudar as Forças Armadas no Brasil?**
> *Boris Fausto me pediu um trabalho sobre as Forças Armadas na Primeira República para a* ***História Geral da Civilização Brasileira****,* que ele passara a dirigir, sucedendo Sérgio Buarque de Holanda. Não sei bem a razão do convite: não nos conhecíamos, nem havia eu publicado trabalho sobre o tema. Mas aquilo caiu como uma luva, porque a questão dos militares se impusera a mim desde o golpe de 1964. Sobre ela já esboçara dois artigos. Quando houve*

***História Geral da Civilização Brasileira** é uma série de onze volumes organizada pelos historiadores Sérgio Buarque de Holanda e Boris Fausto. Os primeiros volumes foram lançados em 1960, pela editora Difel, tendo como tema o período colonial da História do Brasil. Já a edição de 1980 abrange o período republicano e foi dirigida por Boris Fausto. Nela, foi reunido um conjunto de artigos de autoria de vários pesquisadores, separados temática e cronologicamente, disponibilizando aos leitores uma síntese das pesquisas então mais recentes sobre História do Brasil, do período colonial até o golpe de 1964.

*o golpe, eu era aluno do terceiro ano, e todos sofremos um grande choque. Membros da AP e de outros grupos de esquerda achávamos ingenuamente que o país estava caminhando para o socialismo e, de repente, fomos surpreendidos por um golpe cuja natureza ninguém previra. Estava no ar a expectativa de um golpe, mas não daquele golpe. Eu me lembro que, no dia seguinte, em 1º de abril, andávamos pelas ruas de Belo Horizonte totalmente perdidos.*

**Isso imediatamente após o golpe?**

> *Sim, no dia seguinte. Os colegas de direita se armaram e saíram às ruas. Era a direita laica; a direita religiosa, Congregados Marianos e membros da TFP [Tradição, Família e Propriedade] não chegou a esse ponto. Aos poucos, foi ficando claro que, pela primeira vez na história da República, os militares tinham derrubado o governo e não o devolveriam aos civis, como Carlos Lacerda e outros líderes udenistas esperavam com base no que se passara em 1945 e 1954. O general Costa e Silva deixou isso claro. Todos esperavam um golpe, mas no estilo anterior. Foi quando ficou claro para mim que, para entender o que se passara, era preciso estudar as Forças Armadas. Tinha sido uma falha dos estudiosos não ter detectado esse ovo da serpente que estava sendo chocado. Daí eu ter aceito de bom grado o convite de Boris Fausto para escrever um capítulo que chamei de "As Forças Armadas na República: o poder desestabilizador". O título era uma provocação para mostrar como o comportamento dos militares já tinha sido muito diferente.*



**Isso serviu de base para seu livro sobre as Forças Armadas, de 2005?**

> *Sim. Mais tarde ocorreram-me algumas explicações para a ausência de estudos sobre as Forças Armadas. Primeiro, pela, digamos, tendência liberal do pensamento da elite. Intervenção militar era uma aberração, não merecia estudo. Segundo, havia ainda um preconceito social contra o Exército. No episódio das "***Cartas falsas***",* de 1922, que atribuíram a Artur Bernardes, havia uma frase de grande malícia, que provocou abalo no Exército: "Quanto ao Hermes, esse sargentão sem compostura, compre-o com todos os seus*

***Cartas falsas:** Durante as campanhas eleitorais de outubro de 1921, foram publicadas uma série de cartas no jornal *Correio da Manhã*, com comentários desrespeitosos aos militares. Elas foram atribuídas ao mineiro Artur Bernardes, que se candidatava à presidência da República pelo Partido Republicano Mineiro. Como resultado, o episódio acirrou a oposição dos militares a Bernardes, que negava a autoria das "cartas falsas". Apesar do antagonismo político dos militares, Artur Bernardes foi eleito.

*galões". Vejam os termos. Um marechal sendo chamando de "sargentão sem compostura" para marcar sua posição social inferior. Os militares se sentiram ofendidíssimos. Terceiro, havia o argumento marxista para não se estudar as Forças Armadas. Elas eram consideradas meros instrumento de repressão de um Estado controlado pela burguesia e pelo latifúndio.*

**Há duas novidades que o senhor traz para o estudo sobre os militares. Uma é pensar nesse ator político do ponto de vista da instituição; a outra é detectar em que momento que as Forças Armadas se transformam em uma força política autônoma.**
> *É verdade. Inspirado na análise feita por E. Goffman das organizações totais, como são as instituições militares, de que tive conhecimento graças ao professor Edmundo Campos, procurei detectar a lógica de seu comportamento em contato com o meio social em que viviam e de que são produto, mas não espelho. Quanto ao termo "autônoma", não digo tanto. Mas as transformações por que passaram na década de 1930 fizeram delas um ator político importante de nossa República, decisivo em alguns momentos. Gilberto Freyre chegou a dizer que eram o Poder Moderador da República.*



**É este o ponto, defendido pelo senhor, que intervém na historiografia sobre as Forças Armadas?**
> *Sim. Meu segundo trabalho sobre o tema referente à década de 1930 procurava mostrar a transformação de uma organização que passa de uma posição quase de oposição a de sustentáculo do poder. Góis Monteiro sintetizou a mudança na frase: "É preciso fazer a política do Exército, e não a política dentro do Exército". Era preciso eliminar as divisões internas para ter impacto externo. Até 1945, os militares não tinham essa unidade e apoiavam Getúlio. Em 1945 já puderam derrubá-lo, assim como derrubaram João Goulart em 1964, construindo alianças com civis.*

**E o senhor desenvolveu essa pesquisa nos Estados Unidos?**
> *Não. Minha ida para a Universidade de Stanford foi em 1966. A Fundação Ford passara a apoiar os estudos de Ciências Sociais no Brasil: no Rio de Janeiro, em Antropologia [Museu Nacional] e Ciência Política [Instituto Universitário de Pesquisas do Rio de Janeiro – Iuperj]; em São Paulo, o Cebrap; em Minas, o Departamento de Ciência Política*

*da UFMG. A primeira coisa que fizeram seus representantes foi mandar aos Estados Unidos professores para estudos de doutorado. Coube-me a Universidade de Stanford, onde encontrei o Wanderley Guilherme dos Santos, que tinha ganhado bolsa semelhante no Rio de Janeiro. Ficamos amigos e, além de estudar, jogávamos muito futebol. Aliás, nunca joguei tanto futebol quanto nos Estados Unidos (risos). Mas meu projeto de pesquisa lá não tinha a ver com as Forças Armadas. Era, na verdade, uma sequência do meu trabalho sobre Barbacena, um estudo de poder local, chamado pelos norte-americanos de* Community Power Studies. *Era um projeto bem limitado, na linha que Orlando Carvalho e outros, inclusive norte-americanos, faziam no Brasil. Foram as conversas com Wanderley em Stanford que ampliaram meu horizonte.*

*E aqui, afinal, respondo à pergunta feita lá atrás sobre o porque de estudar o Império, meio na contracorrente. Wanderley era ligado ao* **Iseb*** *e tinha formação filosófica e grande interesse pela história do pensamento sociológico e político brasileiro. Começamos a conversar sobre isso e fomos parar no século XIX, discutindo o papel dos intelectuais e das elites políticas na construção do Estado brasileiro. Desloquei, então, meu interesse do local para o nacional, na suposição de que seria um trabalho mais interessante e mais relevante. Meu projeto passou a ser o estudo dessas elites. Era ainda mais contracorrente do que estudar o Império ou os militares.*

**Sua tese resultou dessa pesquisa sobre as elites?**

**>** *Sim. Era dividida em duas partes. Em um primeiro momento tratava da composição da elite política; a seguir, estudava essa elite em ação, sobretudo em questões-chave, como a* **Lei de Terras*** *e a abolição da escravidão. Em vez de supor um comportamento homogêneo determinado,*

***Iseb:** Criado em 1955 no Rio de Janeiro, o Instituto Superior de Estudos Brasileiros (Iseb) era vinculado ao Ministério de Educação e Cultura. O grupo de intelectuais vinculados ao Instituto era composto por nomes como Guerreiro Ramos, Nelson Werneck Sodré, Hélio Jaguaribe. O Iseb tinha como objetivo o estudo, o ensino e a divulgação das ciências sociais, cujos dados e categorias seriam aplicados à análise e à compreensão crítica da sociedade brasileira, e foi um dos centros mais importantes de elaboração teórica do projeto político conhecido como "nacional-desenvolvimentismo".

***Lei de Terras:** Lei n°601 de 18 de setembro de 1850, a Lei de Terras, teve origem em um projeto de lei apresentado ao Conselho de Estado do Império em 1843, por Bernardo Pereira de Vasconcelos. É conhecida como uma das primeiras leis específicas sobre a regulamentação da posse de terras no Brasil. Estabelecia a compra como única forma de acesso à terra e abolia, definitivamente, o sistema de sesmarias.

*por exemplo, por classe social, fui à procura de fissuras e conflitos. Por exemplo, no caso da Lei de Terras, havia diferença entre os interesses dos liberais, grandes posseiros de Minas e São Paulo, e os dos grandes proprietários do Rio de Janeiro, donos de sesmarias legalizadas. Os grandes latifundiários posseiros não queriam a lei porque ela exigia a regulamentação das posses e o limite de seu tamanho. Os grandes sesmeiros queriam a legalização para vender terras e, com o dinheiro, importar imigrantes para substituir os escravos. As duas partes se completavam e deviam ser lidas juntas. Mas a primeira edição, pela Campus [1980], incluiu apenas a primeira parte, reforçando a dimensão do peso da elite, e não de suas divergências. Em plena ditadura militar, estudar militares, sem xingá-los, e elites, sem demonizá-las, era uma furada. Elite era quase um palavrão.* **Raimundo Faoro*** *tinha tratado dela, mas escrevera antes de 1964 e a malhava. Mesmo assim, pagou também um preço por sua abordagem weberiana. Eu também paguei, por não adotar abordagem marxista.*

**Nessa trajetória, a História acabou se juntando à Política, às Ciências Sociais... Quais são os ganhos e quais os problemas que vêm com essa formação interdisciplinar?**

> *Não foi nada planejado. Foi uma sucessão de acontecimentos e circunstâncias. Eu me formei em Sociologia Política, com a diferença de que fui aluno de* **Francisco Iglésias**.* *Iglésias foi o primeiro historiador formado em curso de História em Minas. Mas não era um historiador corporativista, e tinha contato com intelectuais de áreas e interesses diversos. Adorava cinema e literatura. Então, em suas aulas, já havia essa visão interdisciplinar. Me lembro dele declamando Fernando Pessoa para falar sobre a história portuguesa. Além disso, escrevia muito bem e era muito rigoroso em relação à boa escrita. Pena que tenha publicado pouco. Usava um adjetivo que só ouvi dele, "desfrutável".*

***Raimundo Faoro** (1925-2003), jurista gaúcho e um dos mais importantes intérpretes do Brasil. Em sua clássica obra *Os donos do poder*, analisou a formação do patronato político e do patrimonialismo do Estado brasileiro. Foi presidente da Ordem dos Advogados do Brasil (OAB) entre 1977 e 1979, colaborando fortemente para a redemocratização do país.

***Francisco Iglésias** (1923-1999), historiador, geógrafo, professor e escritor brasileiro. Foi um dos fundadores da revista literária *Edifício*. Publicou uma variedade de artigos, ensaios e livros sobre história do Brasil, como destaque para as obras *Historiadores do Brasil: capítulos de historiografia brasileira* (2000) e *História e Literatura: ensaios para uma história das ideias no Brasil* (2009). Com estilo de escrita muito próximo da narrativa, é frequentemente comparado a dois de seus pares: Capistrano de Abreu e Sérgio Buarque de Holanda.

**E nos Estados Unidos também havia essa formação mais ampla?**
› *Em Stanford minha formação foi estritamente em Ciência Política e no estilo positivista norte-americano de valorizar dados. O estilo não importava, mesmo entre historiadores. Lá desaprendi o pouco do que havia aprendido com Iglésias em matéria de estilo. Passei a escrever de forma muito seca e só fui retomar a preocupação com a escrita quando vim para o Rio de Janeiro e comecei a escrever para jornais.*

**Mas o olhar do historiador é o mesmo do olhar do cientista social?**
› *Não, não é. Minha tese de doutorado era de Ciência Política, não de História. Tinha teoria, uma hipótese e a comprovação com dados. Comecei a mudar, ironicamente, quando passei, a convite de Albert Hirschman, um ano acadêmico no Instituto de Estudos Avançados de Princeton, onde já tinham estado Fernando Henrique Cardoso e Boris Fausto. É uma instituição fantástica, onde anualmente se reúnem pesquisadores do mundo inteiro, antropólogos, sociólogos, historiadores, além de matemáticos e físicos. Lá, conheci o antropólogo Clifford Geertz e o historiador Robert Darnton. Ouvi uma primeira apresentação oral de* ***O grande massacre de gatos**** *. A experiência ampliou muito minha visão, e os resultados foram os livros* Os bestializados *[1987] e, especialmente,* A formação das almas *[1990]. Neste último, valorizei também o uso de imagens.*



**Era a primeira vez que os historiadores davam à imagem o mesmo estatuto que davam aos documentos, não?**
› *Aos textos, eu diria. O propósito foi realmente este, deixar de usar imagens apenas como ilustração. A imagem é um discurso, transmite valores, visões de mundo.*

**Houve esse trabalho sobre o positivismo, mas também toda a discussão sobre Tiradentes, correto?**
› *Gostei muito de escrever o capítulo sobre a formação do mito de Tiradentes incluído em* A formação das Almas. *Descobri a força da imagem na criação do mito do herói, e também a importância do imaginário e da cultura em geral na política, antes*

***O grande massacre de gatos:** O texto "Os trabalhadores se revoltam: o grande massacre de gatos na rua Saint-Séverin" integra o emblemático livro de Darnton *O grande massacre de gatos – e outros episódios da história cultural francesa*, que se dedica a analisar as mentalidades na França do século XVIII. Foi publicado originalmente em 1984.

*desconsiderados entre nós, historiadores. Era uma abertura para a Antropologia.*

**No período em que o senhor passou em Princeton, Clifford Geertz também estava lá?**

> *Sim. O artigo sobre os* **bordados de João Cândido**** *foi influenciado por sua obra. Aliás,* O grande massacre de gatos *de Darnton também deve muito a Clifford Geertz. Os dois davam aula juntos em Princeton. Geertz usou a briga de galos, ou seja, um ritual, para entender a sociedade balinense, num processo que chamou de* thick description.

**No caso de João Cândido, os bordados passam a ser uma fonte historiográfica?**

> *Sim. Cheguei a eles por acaso. Acabara de visitar o Museu Regional de São João del Rei, quando alguém perguntou: "Você viu os bordados de João Cândido?". Eu disse: "Do João Cândido, o líder da revolta da Chibata? Não é possível!". Era. Não os tinha visto porque estavam no depósito. Consegui falar com o doador, que ainda estava vivo, e garantir a autenticidade das peças. Na época da Revolta, foram chamadas tropas de Minas para o Rio, e o doador, sargento do batalhão, fora carcereiro de João Cândido. Levava às escondidas jornais para o prisioneiro que, em retribuição, lhe deu os bordados. Os admiradores de João Cândido não gostaram do artigo, por acharem que prejudicava a imagem do herói machão. Onde já se vira um herói bordador? Mas, para mim, respeitar o personagem é mostrá-lo como ser humano, e não mitificado.*



***João Cândido Felisberto**, conhecido como o Almirante Negro, foi o principal nome da Revolta da Chibata, rebelião dos marinheiros ocorrida no Rio de Janeiro em fins de 1910. Durante o período em que ficou preso, entre 1910 e 1912, João Cândido matava o tempo fazendo bordados em pequenas toalhas. No ensaio "Os bordados de João Cândido", publicado em 1995 no livro *Pontos e bordados: escritos de história e política*, José Murilo de Carvalho amplia o horizonte do historiador ao destacar a importância desses documentos como reveladores do lado humano do Almirante Negro e também do cotidiano dos marinheiros da capital brasileira no início do século XX.

**Falando ainda em estilo, Darnton dizia que tudo começava com uma história, e ele gostava, inclusive, de contar piada, escrever alguma graça em seu texto. O estilo do senhor também tem um bom-humor...**

> *É, mas isso não vem do Darnton, não. Talvez do Iglésias, que também era muito bem-humorado.*

**O senhor descreveria seu estilo dessa forma?**

> *Eu tento. Mas, como disse, aprendi a ser claro escrevendo para jornal. Escrever para o*

*grande público exige clareza e leveza. Meu pai também insistia muito na boa escrita. Quando eu estava no internato, ele apontava erros em todas as cartas que lhe escrevia (risos). Meu pai era um dentista em meio a fazendeiros. Foi o único da família a se formar.*

**Quais outros grandes historiadores o senhor apontaria como donos de uma bela escrita bela?**

> **Eric Hobsbawn*** *escrevia bem. [Edward] Gibbon também. Há uma história curiosa de Gibbon e [Theodor]* **Mommsen.*** *Gibbon escreveu a* História do declínio do Império Romano. *Dois séculos depois, Mommsen escreveu a* História de Roma, *com um estilo totalmente diferente. Com imaginação e boa escrita, Gibbon cobriu períodos históricos com pouca documentação. Mommsen não gostava nada disso e não teve coragem de escrever o último capítulo da* História de Roma *por medo de enfrentar o texto de Gibbon. Pensando na narrativa inglesa como forma de escrita da História, é como se a interdisciplinaridade, presente em Gibbon, gerasse um tipo de escrita própria. Evaldo [Cabral de Mello], que foi diplomata, é um historiador com estilo, assim como Sérgio Buarque de Holanda, formado em Direito.*

**O Alberto [da Costa e Silva] também...**

> *Mas esse é poeta. Aí não vale (risos).*

**O senhor também construiu uma forma própria de escrever, em que combina o evento, a descrição do evento, o conceito e a análise. É como se se aproximasse do ensaio. Concorda?**

> *Como disse, voltei a me preocupar com a qualidade da escrita quando passei a escrever para a imprensa, e depois de ler* Como se deve escrever a História do Brasil, *de* **Martius.*** *A ideia do historiador como um intelectual público, embutida nesse texto, exige escrita clara e acessível.*

*O artigo de Lawrence Stone,* "The Revival of Narrative", *fala do que todos nós sabemos:*

***Eric Hobsbawm** (1917-2012), historiador marxista britânico. Ao longo dos anos 1960, integrou um grupo de destacados intelectuais marxistas, como Christopher Hill, Rodney Hilton e Edward Thompson. O grupo buscava entender a história da organização das classes populares, suas lutas e ideologias, através da chamada História Social. Hobsbawm publicou diversas obras, dentre as quais cabe destacar *A Era dos Extremos: o breve século XX (1914-1991).*

***Theodor Mommsen** (1817-1903), historiador alemão, considerado um dos maiores especialistas em história da Antiguidade Latina. Muitos de seus escritos e compilações de documentos são referências ainda essenciais para estudiosos do tema. Em 1902, foi agraciado como o prêmio Nobel de Literatura, principalmente pelos cinco volumes de sua obra mais importante, *História de Roma* (1854-1856).

*que não existe narrativa sem costura. Mesmo que seja a cronologia a desempenhar esse papel, a narrativa tem que ter um fio condutor. O que tento fazer é usar um critério para costurar a narração. No caso d'*Os bestializados, *isso acontece a partir da ideia de, em vez de olhar de cima para baixo, olhar de baixo para cima, acrescida de alguns conceitos, como o de cidadania. Em* Cidadania no Brasil, *esse conceito foi claramente o guia da narração. Em* A formação das almas, *a costura veio mais do papel dos valores na política.*

**A nação como um projeto coletivo do imaginário.**

> *E uma nação que precisava muito de um imaginário depois da abolição da escravidão. O Império garantiu a formação do Estado, mas não conseguiu formar um sentimento de nação. O IHGB [Instituto Histórico e Geográfico Brasileiro] tentou, mas ficou limitado à pequena faixa da intelectualidade. A República tentou com grande empenho, mas não teve muito êxito.*

**Conceitos como cidadania, direitos, democracia estão muito presentes em seu trabalho. Ao mesmo tempo, são temas importantes para pensarmos o país. Seus estudos sempre partem do presente? Ou melhor, das perguntas que o senhor faz para entender o Brasil contemporâneo?**

> *Acredito que sim. Muitos dos meus livros têm essa ligação clara como o desejo de entender o Brasil de hoje.* Cidadania no Brasil *[2001] foi escrito após a redemocratização. Construímos um Estado no Império, houve a tentativa de construção da nação na República e hoje minha preocupação é com a construção da sociedade. São dimensões complementares. Há* **o percurso de Marshall*** *(direitos civis/ direitos políticos/ direitos sociais), que inverto, no caso brasileiro. O problema no Brasil é que*

***Carl von Martius** (1794-1868), médico, botânico e antropólogo alemão. Chegou ao Brasil em 1817, acompanhado do naturalista Johann Baptist von Spix, com quem percorreu o país de norte a sul durante três anos. Realizaram importantes estudos nas áreas de botânica, etnografia, folclore brasileiro e línguas indígenas. Apesar de não ter formação em história, Martius redigiu em 1943 a memória "Como se deve escrever a História do Brasil", vencedora de concurso do Instituto Histórico e Geográfico Brasileiro (IHGB) e publicado em sua revista em janeiro de 1845, tornando-se, desde então, um clássico da historiografia. Entre outras recomendações, Martius dizia que a História do Brasil deveria "ser escrita em estilo popular, posto que nobre".

***Thomas H. Marshall:** Na obra *Citizenship and Social Class*, publicada em 1950, Thomas H. Marshall demarcou as bases das discussões sobre a cidadania. O autor divide a cidadania em três dimensões distintas e complementares: a civil, a política e a social. Em suas análises, essas três dimensões se sucederiam de forma progressiva, linear e logicamente encadeada.

*existe uma sequência nessa construção (Estado, nação, sociedade) que está sendo desmontada, porque de repente valores fundamentais estão sendo contestados. No caso brasileiro, vejo como problema central a incorporação efetiva do povo ao sistema político e à sociedade. É verdade que há idas e vindas nesse processo, também em outros países. Veja a discriminação de imigrantes na Europa, por exemplo. Essa incorporação é sempre uma tarefa difícil. Mas só posso enfrentar um problema deste tamanho escrevendo livros. Isso serve para alguma coisa? É preciso acreditar que sim. Do contrário, seríamos inúteis.*

**Considerando a função pública do historiador, acabamos lidando com temas contemporâneos. Por outro lado, sabemos que os historiadores têm um grande receio em relação à história do presente.**

> *Essa história do presente é um conceito esquisito, mas é certo que reconstruímos o passado constantemente. Talvez parte dela seja reconstruir o passado. Mas é certo que nos perguntamos frequentemente: O que é escrever a História hoje? A historiografia ocidental passou por um tsunami a partir da década de 1970. A perda da hegemonia do estruturalismo marxista levou a um debate intenso, sobretudo na França. Gosto do* ***Passés recomposés*** *(Jean Boutier e Dominique Julia).** *A história fragmentou-se totalmente. Perdeu-se, digamos, a costura da longa narração, e os historiadores começaram a escrever a história em pedacinhos. Como ocorreu com a história da vida cotidiana, por exemplo, que no Brasil teve aceitação em certo momento, mas chegou, como sempre acontece por aqui, com cinco, dez anos de atraso. Millôr tem uma frase fantástica sobre isso: "As ideologias, quando ficam velhinhas, vêm morar no Brasil" (risos).*

*Enfim, acho que ainda não nos recuperamos dessa crise e não sabemos ainda qual é o gancho para a nova história. Uma ideia interessante de* **Hayden White*** *é que a partir do século XIX o Estado Nacional dava*



***Passés recomposés**, obra publicada pelos historiadores Dominique Julia e Jean Boutier em 1995. Trata-se de um trabalho coletivo que aborda uma série de questões da disciplina histórica, em termos de teoria e de método. Dentre as preocupações dos autores, está a necessidade repensar suas relações com outras áreas de conhecimento, como as Ciências Sociais, Filosofia e Direito, assim como rever os novos paradigmas da disciplina histórica.

***Hayden White** (1928-2018), foi um importante historiador norte-americano, conhecido por suas contribuições na área de Teoria da História. Notabilizou-se por adaptar categorias da Teoria Literária para a análise da Historiografia. Seu trabalho mais conhecido intitula-se *Meta-História* e é considerado um dos principais marcos da discussão acerca da chamada "virada linguística" nos estudos historiográficos.

*a costura para a História. Quase toda a historiografia girava em torno da criação de Estados e nações. Hoje, os Estados-nação estão em crise, é preciso encontrar outros parâmetros. Nos Estados Unidos já se criam centros de estudo da história universal.*

**Essa costura, como chama, é, portanto, essencial para a história?**

> *Alguma costura é necessária. Tive esta experiência ao fazer a biografia de Pedro II a convite da Lilia [Schwarcz]. Na biografia, a costura é o biografado. Mas sendo o biografado o próprio Imperador, apareceu muita coisa que me escapara quando fizera dois livros sobre o período. Dimensões que afetaram a própria República, quando os militares, a partir da década de 1930, passaram a querer assumir o papel de poder moderador. A "história em migalhas", resultado da reação à historiografia estruturalista, consegue ser apenas isso, migalhas. E o próprio historiador passa a ser a figura central.*

**Podemos ver essas continuidades na história brasileira?**

> *Quando faço apresentações sobre a crise atual, começo em 1930, voltando ao clientelismo, ao patrimonialismo, fatores de longa duração. Só que não é a longa duração do Braudel, que estava baseada no clima, na geografia, na demografia; nem a marxista, baseada nas transformações do capital. É uma longa duração virada de cabeça para baixo, pois é cultural, e não material, mais sutil, mais relevante. Não há nenhum determinismo nessa visão, mas uma sugestão de linhas de duração. O país está dividido hoje, mas estava mais ainda em 1964 e no início da República. Há elementos de continuidade? Creio que se pode fazer o exercício, embora o grau de incerteza seja hoje maior.*



**O senhor acha que a crise de hoje de alguma forma se assemelha à crise de 1964?**

> *Acho que são momentos distintos em um longo percurso de construção de uma república democrática. Ambas as crises tiveram a ver com esse percurso. São crises sérias porque denunciam nossa imaturidade democrática. A de hoje talvez seja mais séria, porque nosso tempo pode estar acabando por razões sociais, econômicas, demográficas. Continuamos com um número imenso de pessoas desempregadas e não empregáveis, vivendo em estado de necessidade. Havendo necessidade não há cidadania nem República.*

**Como mostra Hannah Arendt, a cidadania não existe onde há necessidade.**

> *Uma pessoa com necessidade não é um eleitor livre, não tem escolha, a não ser aquela que atenda a suas necessidades. A democracia republicana exige certo grau de igualdade entre os cidadãos para se criar uma* polis. *O* demos *ainda é enorme entre nós.*

**Existe um livro do qual o senhor participou, mas que é pouco conhecido, que é o *Histórias que a Cecília contava*, que tem muito a ver com a arte de contar história e no qual o senhor levanta uma hipótese, no texto de abertura, de que a arte de contar histórias, nesse caso, vem da tradição africana. O escravizado africano se apropria do patrimônio europeu e do patrimônio indígena. Então, é como se o senhor tivesse uma apropriação ao inverso?**

> *Escrevi apenas a introdução desse livro, minhas irmãs fizeram o resto. Cecília era uma lavadeira que à noite contava histórias para nós, boa parte delas tirada do folclore europeu em versão anterior à dos Irmãos Grimm estudados por Robert Darnton; quer dizer, de natureza mais violenta, medieval. Os Irmãos reduziram a violência das histórias para adaptá-las a seu tempo. Seguindo a tradição oral africana, Cecília decorou o que ouvira do pai ou da mãe e passou a uma sobrinha. Decorava mesmo palavras que não entendia. Mas fazia adaptações às condições brasileiras, quando não às próprias fazendas onde trabalhara. Um rei rico, por exemplo, tinha muito gado no pasto e uma horta grande. Algumas pessoas se desapontaram com o fato de ela contar histórias europeias. Um jornalista lamentou que não contasse histórias africanas. Não se deu conta do fenômeno cultural extraordinário que é uma descendente de escravos, assim como muitas outras reveladas por Monteiro Lobato, José Lins do Rego, Pedro Nava, serem responsáveis pela introdução das crianças brasileiras ao mundo da fantasia. É fantástico!*



**E qual o papel da imaginação na História?**

> *Gibbon era conhecido por isso. Escrevia mais próximo da literatura e com muita imaginação histórica. Acho que isso é uma*

***Américo Jacobina Lacombe** (1909-1993), advogado, professor e historiador carioca. Em 1931, concluiu o curso de Direito na Universidade Federal do Rio de Janeiro (UFRJ). Não se sentindo atraído pela advocacia, foi professor de história nos colégios São Bento e Santo Inácio. Participou do grupo que lançou as bases da Pontifícia Universidade Católica do Rio de Janeiro (PUC-Rio), na qual lecionou por trinta anos. Parte significativa de sua obra foi dedicada à vida e obra de personalidades históricas importantes, como Padre Anchieta, Rui Barbosa e Afonso Pena.

*vantagem daqueles que não fizeram o curso de História. Aliás, na Academia Brasileira de Letras houve e há vários historiadores não formados em História, como* **Américo Jacobina Lacombe,*** **Pedro Calmon,*** *José Honório Rodrigues, Alberto da Costa e Silva, Evaldo Cabral de Mello. A única exceção é Arno Wehling. Hoje, quase todos os historiadores são diplomados em História, são puro-sangue. Os que vêm de outra área têm menos dificuldade em usar a imaginação e ter soluções diferentes. É possibilitar ao historiador usar um leque mais amplo de perguntas a serem feitas às fontes. Quem só estuda história, embora tenha maior controle sobre os protocolos de pesquisa, tem um leque mais reduzido de perguntas. A especialização pode melhorar a qualidade, digamos, científica do trabalho, mas limita o alcance da interpretação, que na história — que abrange todas as dimensões do humano — é limitativa.*

**A literatura traz isso?**

> *Sem dúvida. Foi lendo o julgamento de Zé Bebelo em* Grande Sertão: Veredas, *de Guimarães Rosa, que me veio a ideia de incluir o júri como escola de cidadania no século XIX, e os jurados como participantes diretos de um dos poderes constitucionais. Foi lendo João do Rio que descobri que os presos traziam as armas da Monarquia tatuadas no corpo e liam histórias de cavalaria, e que me dei conta da existência de uma rica cultura popular paralela à cultura erudita. Além disso, há claro parentesco entre narrativa histórica e narrativa ficcional. Quantas vezes nos vemos em situações em que, por falta de evidências, o uso da imaginação se torna indispensável?*



**Estamos deixando para os jornalistas a escrita da história?**

> *Sim, sobretudo biografias. E depois os próprios historiadores ficam criticando. A culpa é nossa. Não fazemos biografia por preconceito, por achar que o gênero não é digno de um historiador, a despeito de inúmeros exemplos em contrário. Só rompi meu próprio preconceito quando Lilia [Schwarcz] me pediu uma biografia de Pedro II. Fiz, gostei e entendi melhor o Império.*

***Pedro Calmon** (1902-1985), professor, político, ensaísta e historiador baiano. Em 1927 foi eleito deputado estadual pelo Partido Republicano da Bahia, cargo que ocupou até 1937. No ano seguinte, tornou-se catedrático de Direito Público Constitucional e diretor da Faculdade de Direito da Universidade do Brasil – atual Universidade Federal do Rio de Janeiro (UFRJ) – e Ministro da Educação e Saúde durante o governo do presidente Eurico Gaspar Dutra (1946-51).

**O bicentenário da Independência do Brasil, que se aproxima, é uma data a ser celebrada?**

> *Celebrada, não. A celebração dos quinhentos anos foi um desastre, pelo menos em sua parte oficial (que cerimônia oficial não é desastrosa?). Mas estudada, sim, e muito. Países têm biografia. Mas essas biografias devem ser constantemente reescritas. Duzentos anos é uma boa oportunidade para esse exercício.*

**Mas para o quê deveríamos chamar a atenção em um momento como esse?**

> *Perguntar: O que é que fizemos com o nosso país? (risos). Se a efeméride vai servir para alguma coisa, é para reflexão. Para mim, a reflexão mais importante é sobre o que fizemos com o país. Onde estamos após duzentos anos de independência? No que acertamos e no que erramos? A meu ver, erramos mais do que acertamos. É ainda possível consertar? O país está perdendo o bonde da história? Em vez de olhar só para o passado, cabe também mirar o futuro, como fazem os chineses. A continuar como viemos, aonde chegaremos, por exemplo, em cinquenta anos? O bicentenário pode servir para esse tipo de indagação.*



**O senhor já disse: "Somos um povo que vive de sonhos desfeitos"...**

> *Sim, somos um povo que vive de sonhos desfeitos. É terrível! Mas depois descobri que o Milton Nascimento, em 1987, com Fernando Brant, já tinha cantado: "Mas eu não posso esconder a amargura ao ver que o sonho anda pra trás". É isso.*

# Biografia

### 08/09/1939

Nasceu em Piedade do Rio Grande, no interior de Minas Gerais. Filho de Sebastião Carvalho de Sousa e Maria Angélica Ribeiro.

*Aluno do Seminário Seráfico, Santos Dumont, 1956.*

### 1962

Ingressou no curso de Sociologia e Política da Universidade Federal de Minas Gerais (UFMG).

### 1965

Graduou-se em Sociologia e Política pela Universidade Federal de Minas Gerais (UFMG).

### 1966

Ingressou no curso de pós-graduação em Ciência Política na Stanford University, nos Estados Unidos, sob a orientação de Robert A. Packenham.

### 1966

Primeiro artigo publicado em revista acadêmica, "Barbacena: a família, a política e uma hipótese", na Revista Brasileira de Estudos Políticos (UFMG).

### 1967

Realizou um curso de Especialização em Metodologia de Pesquisa, na Universidade de Michigan, nos Estados Unidos.

# Bibliografia

### 1952-1956

Publicou cerca de 20 artigos na revista *A Alvorada*, do Seminário Seráfico Santo Antônio, de que foi redator-chefe. Um deles sobre *Os sertões* e outro sobre Ivan Karamazov.

*Jogando futebol na temporada em Stanford, Estados Unidos.*

# Biografia

**1969**
Finalizou o mestrado em Ciência Política pela Stanford University, nos Estados Unidos.

**1969**
Iniciou seu doutoramento em Ciência Política pela Stanford University, nos Estados Unidos, sob a orientação de Robert A. Packenham.

**1969**
Primeiro artigo publicado em revista internacional, "El papel de los intelectuales en la Revolución Mexicana", na *Revista Latinoamericana de Sociologia*.

**1969**
Assumiu o cargo de professor adjunto no Departamento de Ciência Política da Universidade Federal de Minas Gerais (UFMG), função que exerceu até 1978.

**1971**
Assumiu o cargo de Chefe do Departamento de Ciência Política da Universidade Federal de Minas Gerais (UFMG), cargo que ocupou até 1973.

**1974**
Foi o coordenador dos cursos de mestrado do Departamento de Ciência Política da Universidade Federal de Minas Gerais (UFMG), cargo que ocupou até 1977.

**1975**
Finalizou o doutorado em Ciência Política pela Stanford University, nos Estados Unidos, com a tese *Elite and state-building in imperial Brazil*.

# Bibliografia

*Festa de formatura, Belo Horizonte, 1965.*

**1974**
Publicou o artigo "As Forças Armadas na Primeira República: o poder desestabilizador", nos *Cadernos do Departamento de Ciência Política*, da Universidade Federal de Minas Gerais.

*Universidade de Stanford.*

# Biografia

**1976**
Iniciou o pós-doutorado em História da América Latina na Universidade de Stanford, nos Estados Unidos.

**1977**
Finalizou o pós-doutorado em História da América Latina na Universidade de Stanford, nos Estados Unidos.

**1978**
Assumiu o cargo de professor do Instituto Universitário de Pesquisas do Rio de Janeiro (Iuperj), cargo que ocupou até 1997.

**1978**
Foi diretor da Associação Nacional de Pós-Graduação e Pesquisa em Ciências Sociais (Anpocs), cargo que ocupou até 1980.

**1979**
Coordenou os cursos de doutorado em Ciência Política e Sociologia do Instituto Universitário de Pesquisas do Rio de Janeiro (Iuperj), cargo que ocupou até 1980.

**1979**
Membro do Comitê de Ciências Sociais da Fundação Ford, cargo que ocupou até 1980.

**1979**
Presidente do Comitê Assessor em Ciência Política da Coordenação de Aperfeiçoamento de Pessoal de Nível Superior (Capes), cargo que ocupou até 1980.

# Bibliografia

**1977**
Publicou o capítulo "As Forças Armadas na Primeira República: o poder desestabilizador", no tomo III e volume II do livro *História Geral da Civilização Brasileira*, organizado por Boris Fausto (Difel, Algés).

**1978**
Publicou seu primeiro livro, *A Escola de Minas de Ouro Preto: o peso da glória* (Finep).

*Reunião do Comitê de Ciências Sociais da Fundação Ford, Hotel Paineras, Rio de Janeiro, 1978. À direita de José Murilo, Shepard Forman, representante da Fundação Ford. Entre os presentes estão Ruth Cardoso, Boris Fausto, Otávio Velho, Fábio Wanderley, Juarez Brandão Lopes, entre outros.*

*Escola de Minas (Ouro Preto).*

# Biografia

**1980**
Pesquisador visitante na linha de pesquisa História das Ideias no The Institute of Advanced Study (IAS), em Princeton, nos Estados Unidos, cargo que ocupou até junho de 1981.

**1981**
Professor visitante na University of London, na Inglaterra.

**1982**
Professor visitante na University of Oxford, na Inglaterra.

**1982**
Fez pós-doutorado na University of London, na Inglaterra.

**1983**
Assume a coordenação de ensino do Instituto Universitário de Pesquisas do Rio de Janeiro (IUPERJ), cargo que ocupou até 1985.

**1985**
Foi membro do Joint Committee on Latin American Studies of Social Science Research Council, cargo que ocupou até 1988.

**1986**
Pesquisador em História da Primeira República na Fundação Casa de Rui Barbosa, função que exerceu até 1996.

# Bibliografia

**1980**
Publicou o livro *A construção da ordem: a elite política imperial* (Editora Campus, Rio de Janeiro).

*Universidade de Oxford, 1981.*
*Abaixo, em Caen, França, 1989.*

# Biografia

**1986**
Membro da Comissão Julgadora do Prêmio Literário Nacional do Instituto Nacional do Livro (INL).

**1986**
Membro da Comissão Acadêmica da Associação Nacional de Pós-Graduação e Pesquisa em Ciências Sociais (Anpocs), cargo que ocupou até 1988.

**1986**
Membro do Comitê Assessor de Ciências Sociais do Conselho Nacional de Desenvolvimento Científico e Tecnológico (CNPq), cargo que ocupou até 1989.

**1987**
Recebeu, do Governo de Minas Gerais, a medalha Santos Dumont.

**1988**
Recebeu o prêmio de melhor livro em Ciências Sociais, pela Associação Nacional de Pós-Graduação e Pesquisa em Ciências Sociais (ANPOCS), com a publicação de *Os bestializados: o Rio de Janeiro e a República que não foi.*

**1988**
Membro do Corpo Editorial da Revista *Estudos Históricos*, da Fundação Getúlio Vargas (FGV), no Rio de Janeiro.

**1989**
Professor visitante na École des Hautes Études en Sciences Sociales, em Paris, onde ofertou a disciplina "Citoyeneté au Brésil".

**1989**

# Bibliografia

*Com Clifford Geertz, Instituto de Estudos Avançados, Princeton, 1981.*

**1987**
Publicou o livro *Os bestializados: o Rio de Janeiro e a República que não foi* (Companhia das Letras, São Paulo).

**1988**
Publicou o livro *Teatro de Sombras: a política imperial* (Edições Vértice / Editora Iuperj, Rio de Janeiro).

*École des Hautes Études en Sciences Sociales, Paris, França.*

## Biografia

Recebeu o prêmio *Homem de ideias* do Jornal do Brasil.

**1989**
Recebeu a medalha de Oficial e Comendador da Ordem de Rio Branco, pelo Itamaraty.

**1989**
Membro da Comissão Permanente de Revisão do Arquivo Histórico do Itamaraty, no Rio de Janeiro.

**1990**
Professor visitante da University of California Irvine, nos Estados Unidos, onde ofertou a disciplina History of the Brazilian Republic.

**1990**
Membro do Conselho Editorial da Editora da Universidade Federal do Rio de Janeiro (UFRJ), cargo que ocupou até 1994.

**1991**
Recebeu o Prêmio Banorte de Cultura Brasileira pelo livro *A formação das almas: o imaginário da República no Brasil*.

**1991**
Recebeu o Prêmio Jabuti, da Câmara Brasileira do Livro, pelo livro *A formação das almas: o imaginário da República no Brasil*.

**1991**

## Bibliografia

**1990**
Publicou o livro *A formação das almas: o imaginário da República no Brasil* (Companhia das Letras, São Paulo).

**1990**
Publicou o livro *Un Theatre D'Ombres. La Politique Imperiale Au Brésil* (Éditions de la Maison de Sciences de l'Homme, Paris).

## Biografia

Assessor oficial da Fundação de Amparo à Pesquisa do Estado de São Paulo (Fapesp).

**1991**
Conselheiro da Sociedade Brasileira para o Progresso da Ciência (SBPC), cargo que ocupou até 1995.

**1992**
Professor visitante do Departamento de Ciência Política da Universidade de São Paulo (USP).

**1992**
Professor visitante do Departamento de Antropologia da Universidade Federal do Rio de Janeiro (UFRJ).

**1992**
Professor visitante na University of Leiden, na Holanda, onde ofertou a disciplina História e Cultura do Brasil.

**1992**
Recebeu, do Governo de Minas Gerais, a Medalha de Honra da Inconfidência.

**1994**
Pesquisador do Centro de Pesquisa e Documentação de História Contemporânea do Brasil (CPDOC) da Fundação Getúlio Vargas (FGV).

## Bibliografia

*Universidade de Leiden, Holanda.*

**1993**
Publicou o livro *A monarquia brasileira* (Editora Ao Livro Técnico).

# Biografia

**1995**
Sócio honorário do Instituto Histórico e Geográfico Brasileiro (IHGB), no Rio de Janeiro.

**1995**
Membro do Conselho da Financiadora de Estudos e Projetos (Finep), do Rio de Janeiro.

**1996**
Membro do Conselho Deliberativo do Conselho Nacional de Desenvolvimento Científico e Tecnológico (CNPq), cargo que ocupou até 2000.

**1997**
Assumiu o cargo de professor titular no Departamento de História da Universidade Federal do Rio de Janeiro (UFRJ), cargo que exerceu até 2009.

**1998**
Recebeu a insígnia grã-cruz da Ordem Nacional do Mérito Científico, concedida pelo governo brasileiro.

**1999**
Professor visitante na Universidade de Stanford.

**2000**
Coordenador do Programa de Pós-Graduação em História Social da Universidade Federal do Rio de Janeiro (UFRJ), cargo que ocupou até 2002.

# Bibliografia

**1995**
Publicou o livro *Desenvolvimiento de la ciudadania en Brasil* (Editora do Fondo de Cultura Económica, México).

**1995**
Organizou o livro *Jornal de Timon: partidos e eleições no Maranhão* (Companhia das Letras, São Paulo).

**1997**
Publicou o livro *La formación de las almas: el imaginario de la república en el Brasil* (Editora de la Universidad Nacional de Quilmes, Argentina).

**1998**
Publicou o livro *Pontos e Bordados. Escritos de história e política* (Editora da UFMG, Belo Horizonte).

**1999**
Co-organizou o livro *Cidadania, justiça e violência*. (Fundação Getúlio Vargas, Rio de Janeiro).

**1999**
Organizou o livro *Bernardo Pereira de Vasconcelos* (Editora 34, São Paulo).

**2001**
Recebeu a Medalha de Honra, da Universidade Federal de Minas Gerais.

**2002**
Professor visitante na University of Notre Dame, em Indiana, nos Estados Unidos, onde ofertou a disciplina "History of Brazilian Culture".

**2002**
Membro do Comitê Científico do Centro de Altos Estudos Avançados Transdisciplinares da Universidade Federal de Minas Gerais (IEAT – UFMG), cargo que ocupou até 2004.

**2003**
Recebeu a Medalha Rui Barbosa, concedida pela Casa Rui Barbosa.

**2003**
Professor da Escola de Guerra Naval-COPPEAD-UFRJ.

**2003**
Eleito membro da Academia Brasileira de Ciências (ABC).

**2004**
Professor visitante na Escola de Guerra Naval, no Rio de Janeiro.

**2004**
Membro do Conselho Editorial da *Revista de História da Biblioteca Nacional*, do Rio de Janeiro.

**2001**
Publicou o livro *Cidadania no Brasil: o longo caminho* (Civilização Brasileira, Rio de Janeiro).

**2002**
Organizou o livro *Visconde do Uruguai* (Editora 34, São Paulo).

**2004**
Publicou o livro *Ciudadanía en Brasil: el largo camino* (Editora Casa de las Américas, Havana, Cuba).

## Biografia

**2004**
Recebeu a Medalha de Grande Oficial da Ordem do Mérito Aeronáutico, do Ministério da Aeronáutica.

**2004**
Recebeu em Cuba o prêmio Casa de Las Américas pelo livro *A cidadania no Brasil: o longo caminho.*

**11/03/2004**
Eleito para assumir a cadeira nº 5 da Academia Brasileira de Letras.

**10/11/2004**
Tomou posse na Academia Brasileira de Letras (ABL). Foi o sexto ocupante da cadeira n° 5, sucedendo a escritora Rachel de Queiroz.



**2006**
Eleito, pelo jornal *O Globo*, um dos 100 brasileiros mais geniais de todos os tempos.

**2006**
Recebeu, a Grande Medalha Juscelino Kubitscheck, do Governo de Minas Gerais.

**2007**
Recebeu, a Comenda Teófilo Ottoni, do Governo de Minas Gerais.

**2007**
Recebeu o prêmio Scopus na área de Ciência Política, pela Elsevier América Latina e pela Coordenação de Aperfeiçoamento de Pessoal de Nível Superior (Capes).

## Bibliografia

*Rachel de Queiroz, antiga ocupante da cadeira nº 5 da ABL, ocupada hoje por José Murilo de Carvalho.*

**2005**
Publicou o livro *Forças Armadas e política no Brasil* (Jorge Zahar Editor, Rio de Janeiro).

*Medalha Juscelino Kubitcheck*

**2007**
Publicou o livro *Dom Pedro II: ser ou não ser* (Companhia das Letras, São Paulo).

**2007**
Organizou o livro *Nação e cidadania no Império: novos horizontes* (Civilização Brasileira, Rio de Janeiro).

# Biografia

**2007**
Ocupou, como Senior Associate fellow do Saint Anthony,s College, a cátedra Machado de Assis na Universidade de Oxford.

**2008**
Recebeu o Prêmio Jabuti, da Câmara Brasileira do Livro, pelo livro *D. Pedro II: ser ou não ser*.

**2008**
Recebeu o prêmio de Pesquisador Emérito, do Conselho Nacional de Desenvolvimento Científico e Tecnológico (CNPq).

**2009**
Recebeu o Prêmio Almirante Álvaro Alberto, pelo Ministério da Cultura e Tecnologia.

**2009**
Professor visitante da Stanford University, na California, Estados Unidos, onde ofertou a disciplina História da América Latina.

**2009**
Assumiu o cargo de membro do Corpo Editorial da Revista Historia y Política, da Universidad Complutense de Madrid, na Espanha.

**2009**
Professor da Escola de Guerra Naval-COPPEAD-UFRJ.

**2010**
Sócio Titular do Instituto Histórico e Geográfico Brasileiro.

**2010**
Membro do Corpo Editorial da Revista do Arquivo Público Mineiro, em Minas Gerais.

# Bibliografia

*Universidade de Oxford, Inglaterra.*

**2008**
Co-organizou o livro *Histórias que a Cecília contava* (Editora UFMG, Belo Horizonte).

**2008**
Co-organizou o livro *Joaquim Nabuco e os abolicionistas britânicos (Correspondência 1880-1905)*. (Topbooks, Rio de Janeiro).

**2009**
Co-organizou o livro *Joaquim Nabuco: British Abolitionists and the end of slavery in Brazil* (Institute for the study of the Americas, Londres).

**2009**
Publicou o livro *A Academia Brasileira de Letras, subsídios para sua história (1940-2008)* (Academia Brasileira de Letras, Rio de Janeiro).

**2009**
Publicou o livro *José de Alencar: cartas de Erasmo* (Academia Brasileira de Letras, Rio de Janeiro).

**2009**
Co-organizou o livro *Repensando o Brasil do oitocentos: cidadania, política e liberdade* (Civilização Brasileira, Rio de Janeiro).

**2010**
Publicou o livro *Rachel de Queiroz* (Imprensa Oficial do Estado de São Paulo, São Paulo).

# Biografia

**2010**
Professor visitante na Fundação Ortega y Gasset, Madri.

**2011**
Recebeu o título honorífico de Professor Emérito, da Universidade Federal do Rio de Janeiro (UFRJ).

**2012**
Recebeu o prêmio Correspondiente Estranjero, da Academia Colombiana de História.

# Bibliografia

**2011**
Co-organizou o livro *Linguagens e fronteiras do poder* (Fundação Getúlio Vargas, Rio de Janeiro).

**2011**
Co-organizou o livro *Perspectivas da cidadania no Brasil Império* (Civilização Brasileira, Rio de Janeiro).

**2012**
Coordenou o livro *A construção nacional: 1830-1889* (Objetiva, Rio de Janeiro).

**2012**
Publicou o livro *The formation of souls: imagery of the Republic in Brazil* (University of Notre Dame Press, Indiana, Estados Unidos).

**2012**
Co-organizou o livro *Linguagens e fronteiras do poder* (Instituto Universitário de Lisboa, Lisboa, Portugal).

**2012**
Co-organizou o livro *Às armas, cidadãos! Panfletos manuscritos da Independência do Brasil, 1820-1823* (Companhia das Letras, São Paulo/Editora UFMG, Belo Horioznte).

**2013**
Co-organizou o livro *Joaquim Nabuco - Correspondente Internacional (1882-1891)* (Global, São Paulo).

# Biografia

**2014**
Recebeu o título de Professo Emérito, pela Universidade Federal Rural do Rio de Janeiro (UFRRJ).

**28/01/2015**
Recebeu o título de *Doutor Honoris Causa*, pela Universidade de Coimbra.

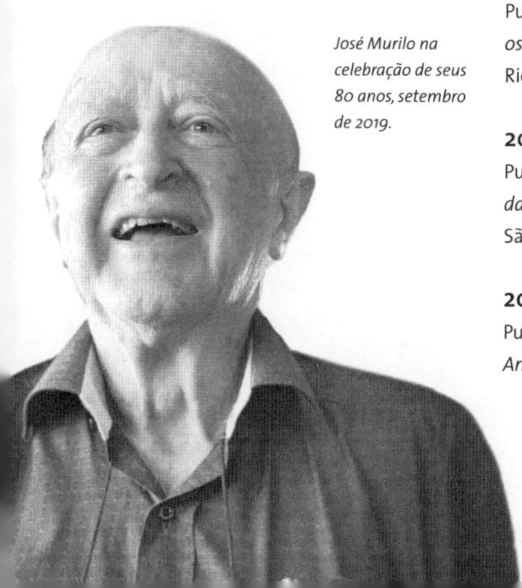

*José Murilo na celebração de seus 80 anos, setembro de 2019.*

# Bibliografia

**2014**
Co-organizou a coleção *Guerra literária: panfletos da Independência 1820-1823* (4 volumes) (Editora UFMG, Belo Horizonte).

**2015**
Publicou o discurso proferido na ocasião de recebimento do título de *Doutor Honoris Causa* (Universidade de Coimbra, Coimbra, Portugal).

**2017**
Publicou o livro *O pecado original da República: debates, personagens e eventos para entender o Brasil* (Bazar do Tempo, Rio de Janeiro).

**2017**
Co-organizou o livro *Ciência no Brasil: 100 anos da Academia Brasileira de Ciências* (Academia Brasileira de Ciências, Rio de Janeiro).

**2018**
Co-organizou o livro *A Monarquia constitucional dos Braganças* (Editora D. Quixote, Lisboa, Portugal).

**2018**
Publicou o livro *Clamar e agitar sempre: os radicais da década de 1860* (Topbooks, Rio de Janeiro).

**2019**
Publicou o livro *Jovita Alves Feitosa: voluntária da pátria, voluntária da morte*. (Chão Editora, São Paulo).

**2019**
Publicou edição revista e ampliada de *Forças Armadas e política no Brasil* (Todavia, São Paulo).

## Referências

Currículo Lattes – professor José Murilo de Carvalho. Disponível em: http://buscatextual.cnpq.br/buscatextual/visualizacv.do?id=K4781510A7 (Acesso: dia 12 de Março de 2019).

Perfil Acadêmico da Academia Brasileira de Letras (ABL) – professor José Murilo de Carvalho. Disponível em: http://www.academia.org.br/academicos/jose-murilo-de-carvalho (Acesso: dia 12 de Março de 2019).

MORAES, José Geraldo Vinci de; REGO, José Márcio (organizadores). José Murilo de Carvalho. IN: Conversas com historiadores brasileiros. São Paulo: Editora 34, 2002.

# Obras publicadas

**1974**
*As Forças Armadas na Primeira República: um poder desestabilizador* (Cadernos do Departamento de Ciência Política/UFMG, n°1).

**1978**
*A Escola de Minas de Ouro Preto: o peso da glória* (Companhia Nacional, São Paulo).

**1980**
*A construção da ordem: a elite política Imperial* (Campus, Rio de Janeiro).

**1987**
*Os bestializados: o Rio de Janeiro e a República que não foi* (Companhia das Letras, São Paulo).

**1988**
*Teatro das sombras: a política imperial* (Edições Vértice, São Paulo / Iuperj, Rio de Janeiro).

**1990**
*A formação das almas: o imaginário da República no Brasil* (Companhia das Letras, São Paulo).

# Obras publicadas

**1990**
*Un theatre d'ombres: la politique imperiale au Brésil* (Ed. de la Maison des Sciences de l'homme, Paris).

**1993**
*A Monarquia brasileira* (Editora Ao Livro Técnico, Rio de Janeiro).

**1995**
*Desenvolvimiento de la ciudadania en Brasil* (Fondo de Cultura Económica, México).

**1995**
*Jornal de Timon: partidos e eleições no Maranhão* (Companhia das Letras, São Paulo).

**1997**
*La formación de las almas: el imaginario de la república en el Brasil* (Universidad Nacional de Quilmes, Quilmes).

**1998**
*Pontos e bordados: escritos de história e política* (Editora UFMG, Belo Horizonte)

**1999**
*Cidadania, justiça e violência* (Fundação Getúlio Vargas, Rio de Janeiro). Co-organização com Dulce Chaves Pandolfi, Leandro Piquet Carneiro e Mario Grynszpan.

**1999**
*Bernardo Pereira de Vasconcelos* (Editora 34, São Paulo).

**2001**
*Cidadania no Brasil: o longo caminho.* (Civilização Brasileira, Rio de Janeiro).

**2002**
*Visconde do Uruguai* (Editora 34, São Paulo).

**2004**
*Ciudadanía en Brasil: el largo camino* (Casa de las Américas, Havana).

**2005**
*Forças Armadas e política no Brasil* (Jorge Zahar Editor, Rio de Janeiro).

# Obras publicadas

**2007**

*D. Pedro II: ser ou não ser* (Companhia das Letras, São Paulo).

**2007**

*Nação e cidadania no Império: novos horizontes* (Civilização Brasileira, Rio de Janeiro).

**2008**

*Joaquim Nabuco e os abolicionistas britânicos: Correspondência 1880-1905* (Topbooks, Rio de Janeiro). Co-organizado com Leslie Bethell.

**2008**

*Histórias que a Cecília contava* (Editora UFMG, Belo Horizonte). Co-organizado com Maria Selma de Carvalho e Ana Emília de Carvalho.

**2009**

*Joaquim Nabuco, british abolitionists and the end of slavery in Brazil: Correspondence 1880-1905* (University of London Institute of Latin American Studies, Londres). Co-organizado com Leslie Bethell.

**2009**

*Repensando o Brasil do Oitocentos: cidadania, política e liberdade* (Civilização Brasileira, Rio de Janeiro). Co-organizado com Lúcia Bastos Pereira das Neves.

**2009**

*A Academia Brasileira de Letras: subsídios para sua história (1940-2008).* (Academia Brasileira de Letras, Rio de Janeiro).

**2009**

*José de Alencar: Cartas de Erasmo* (Academia Brasileira de Letras, Rio de Janeiro).

**2010**

*Rachel de Queiroz* (Imprensa Oficial do Estado de São Paulo, São Paulo)

**2011**

*Linguagens e fronteiras do poder* (Editora Fundação Getúlio Vargas, Rio de Janeiro). Co-organizado com Miriam Halpern Pereira, Gladys Sabina Ribeiro e Maria João Vaz.

**2011**

*Perspectivas da cidadania no Brasil Império* (Civilização Brasileira, Rio de Janeiro). Co-organizado com Adriana Pereira Campos.

**2012**

*Às armas, cidadãos!: panfletos manuscritos da independência do Brasil (1820-1823)* (Companhia das Letras, São Paulo / Editora UFMG, Belo Horizonte). Co-organizado com Marcello Basile e Lúcia Bastos Pereira das Neves.

# Obras publicadas

**2012**
*A construção nacional, 1830-1889* (Coordenação) (Objetiva, Rio de Janeiro).

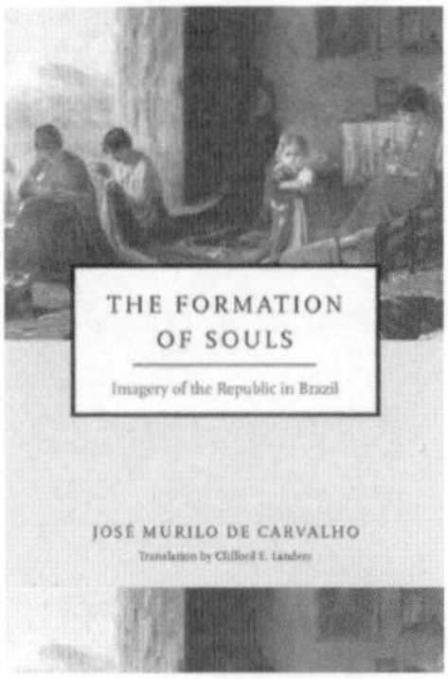


**2012**
*The Formation of Souls: Imagery of the Republic in Brazil* (University of Notre Dame Press, Notre Dame).

**2012**
*Linguagens e fronteiras do poder* (Instituto Universitário de Lisboa, Lisboa).



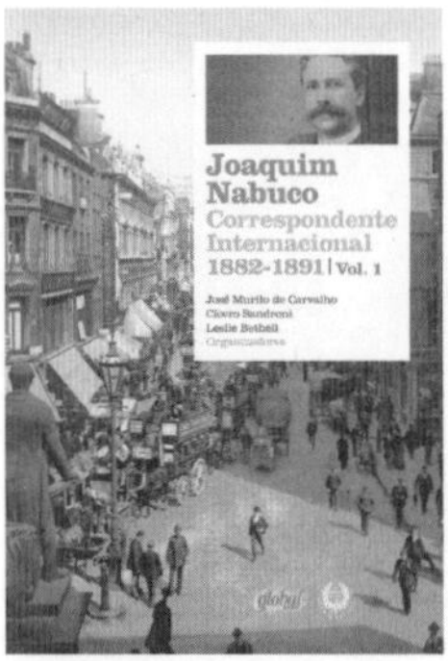


**2013**
*Joaquim Nabuco Correspondente Internacional, 1882-1891* (Global, São Paulo). Co-organizado com Cícero Sandroni e Leslie Bethel.

**2014**
*Guerra literária: panfletos da Independência (1820-1823)* (Editora UFMG, Belo Horizonte). Co-organizado com Lúcia Bastos Pereira das Neves e Marcello Basile.

**2015**
*Doutoramento Honoris Causa* (Universidade de Coimbra, Portugal).

**2017**
*O pecado original da República* (Bazar do Tempo, Rio de Janeiro).

**2017**
*Ciência no Brasil: 100 anos da Academia Brasileira de Ciências* (Academia Brasileira de Ciências, Rio de Janeiro). Co-organizado com Ildeu de Castro Moreira.

**2018**
*Clamar e agitar sempre: os radicais da década de 1860* (Topbooks, Rio de Janeiro).

**2018**
*A Monarquia constitucional dos Braganças: Em Portugal e no Brasil (1822 - 1910)* (D. Quixote, Portugal). Co-organizado com Rui Ramos e Isabel Corrêa da Silva.

**2019**
*Jovita Alves Feitosa: voluntária da pátria, voluntária da morte* (Chão Editora, São Paulo).

**2019**
*Forças Armadas e política no Brasil (edição revista e ampliada)* (Todavia, São Paulo).

# AS ORGANIZADORAS

## LILIAN MORITZ SCHWARCZ

*Historiadora e antropóloga, é professora titular no Departamento de Antropologia da Universidade de São Paulo (USP) e Global Scholar na Universidade de Princeton, Estados Unidos. É autora de livros como* O espetáculo das raças *(1993),* As barbas do imperador *(1998),* O sol do Brasil *(2008),* Brasil: uma biografia *(2015, com Heloisa M. Starling),* Lima Barreto: triste visionário *(2017) e* Sobre o autoritarismo brasileiro *(2019). É curadora-adjunta de histórias do Museu de Arte de São Paulo (Masp).*

## HELOISA MURGEL STARLING

*Historiadora e cientista política, é professora titular livre no Departamento de História da Universidade Federal de Minas Gerais (UFMG), onde dirige o centro de pesquisas Projeto República. É autora de livros como* Os senhores das gerais *(1986),* Lembranças do Brasil *(1999),* Brasil: uma biografia *(2015, com Lilia M. Schwarcz),* República a democracia: impasses do Brasil contemporâneo *(2017) e* Ser republicano no Brasil colônia *(2018).*

“QUANDO ME INTERESSEI PELA HISTÓRIA DA ÁFRICA, QUERIA SABER O QUE O BRASIL DEVIA À ÁFRICA E COMO A ÁFRICA AJUDAVA A EXPLICAR O BRASIL. DEPOIS PASSEI A GOSTAR DA HISTÓRIA DA ÁFRICA PELA HISTÓRIA DA ÁFRICA, NÃO POR SUA REPERCUSSÃO NO BRASIL, MAS PELO QUE ELA ERA EM SI. PARA SABER COMO TINHA SIDO OU COMO TALVEZ TENHA SIDO.”

**ALBERTO DA COSTA E SILVA**

“SOU MESMO UM CRONISTA DE PROVÍNCIA, CUJA ÚNICA ORIGINALIDADE É VIVER FORA DELA HÁ QUASE SESSENTA ANOS.”

**EVALDO CABRAL DE MELLO**

“MUITOS DOS MEUS LIVROS TÊM ESSA LIGAÇÃO CLARA COMO O DESEJO DE ENTENDER O BRASIL DE HOJE. (...) CONSTRUÍMOS UM ESTADO NO IMPÉRIO, HOUVE A TENTATIVA DE CONSTRUÇÃO DA NAÇÃO NA REPÚBLICA E HOJE MINHA PREOCUPAÇÃO É COM A CONSTRUÇÃO DA SOCIEDADE.”

**JOSÉ MURILO DE CARVALHO**

CIP-BRASIL. CATALOGAÇÃO NA PUBLICAÇÃO
SINDICATO NACIONAL DOS EDITORES DE LIVROS, RJ

S578t

Silva, Alberto da Costa e
Três vezes Brasil / Alberto da Costa e Silva, Evaldo Cabral de Mello, José Murilo de Carvalho; organização Heloisa Starling, Lilia Moritz Schwarcz. -1. ed. - Rio de Janeiro: Bazar do Tempo, 2019.
200 p.

ISBN 978-85-69924-61-6

1. Brasil-História. I. Mello, Evaldo Cabral de. II. Carvalho, José Murilo de. III.S tarling, Heloisa.IV. Schwarcz, Lilia Moritz. V. Título.

19-59090 CDD:981
CDU:94(81)

Vanessa Mafra Xavier Salgado - Bibliotecária - CRB-7/6644
09/08/2019 15/08/2019

*Este livro foi editado pela Bazar do Tempo, na cidade de São Sebastião do Rio de Janeiro, em setembro de 2019. Ele foi composto em The Antiqua e The Sans, e impresso em papel pólen bold 90 g/m², na gráfica Santa Marta.*